量化投资

简单科学有效的投资策略

[美] 徐前特（Chiente Hsu）著
石建辉 孙雨 李楠 译
（高晟财富）

RULE BASED INVESTING

Designing Effective Quantitative Strategies for Foreign Exchange, Interest Rates, Emerging Markets, Equity Indices, and Volatility

中国人民大学出版社
·北 京·

赞 誉

这是本优秀的著作，它提出了非常清晰和易于理解的规则，以缓解波动性溢价和利差交易投资的风险。学术界和业界众所周知的是，以朴素策略机械地进行投资，虽然会收获一系列稳定的小额正收益，但是偶尔会出现灾难性的巨额负收益。本书提出了清晰、完整、易于理解的规则来降低灾难的影响，且单位风险的平均收益仍然很高。本书非常适合本科和硕士层面的课程，也是学术界和业界人士的实用参考指南。书中的表格和数据是最新的，叙述生动，易于阅读。徐女士丰富的学术和行业经验使她成为写作这样一本书的绝佳人选。

——乔治·陶亨（George Tauchen），杜克大学经济学教授

在当前充满挑战性的低利率和股票配置权重超高的投资环境下，徐博士多年来与高级机构客户合作开发和改进的策略无疑对投资专业人士极具吸引力。她的指导原则，能在避开大幅缩水的同时赚取风险溢价，简单、强大而又有说服力。本书中的投资策略绝非为因循守旧人士准备，我预计它们会提升许多专业人士管理的投资组合的风险调整绩效。

——布鲁斯·塔克曼（Bruce Tuckman），纽约大学斯特恩商学院金融助理教授，《固定收益证券》（*Fixed Income Securities*）作者

在本书中，徐博士将严谨的学术理论和丰富的投资经验进行了无缝对接。对于在现代市场上实施系统化交易策略而言，这是一本独一无二、通俗易懂的著作。

——维尼尔·班萨利（Vineer Bhansali），太平洋资产管理公司董事总经理兼投资组合经理

我们终于有了一本系统揭示“基于规则投资”奥妙的指南。在本书中，徐博士向读者详细展示了一个模型，它由三

项独立的、基于规则的策略组成。在这一过程中穿插讲解了分散化、波动性、尾部风险、交易成本、流动性、利差交易和动量策略等概念。这些实用的知识经过多年市场实践的检验，而这些市场实践本身又来自学术界知识的升华。本书所讲述的原理简单、透明。对愿意学习基于规则的投资的高级投资者来说，阅读本书是一种享受。

——马塞洛·卡斯特罗（Marcelo F. L. Castro），

Pharo公司合伙人和投资组合经理

2008年金融大崩溃期间，波动率和相关系数高企，许多系统化/定量投资方式遭遇了滑铁卢。徐博士以明白晓畅、按部就班的讲述方式，跨越不同的资产类别展示了各种系统化投资策略。在各种市场条件下，这些策略都具有强大的复原力。本书对于想要探索量化投资的学生和金融从业人员是无价之宝。

——安迪·华威（Andy Warwick），

贝莱德公司董事总经理和投资组合经理

对于愿意尝试系统化投资的精华，并以此来实现投资的多样化、提高投资组合绩效的严肃投资者来说，本书是一部实用的投资指南。不仅超出了读者对它的所有期望，而且已然处在变革另类投资方式的风口浪尖：在不相关的、基于规则的投资策略上进行系统化的分散化投资，要远远优于对冲基金大腕天天吆喝的艰深晦涩的阿尔法策略，前者更透明、实施成本更低。徐博士以精确、清晰，即使量化投资门外汉也能听懂的讲述方式，展示了基于规则的策略如何实现超额收益，为什么这种策略在市场中起作用，为什么基于规则投资的超额收益在未来是可持续的。徐博士巧妙地将直观的示例、基础的投资推理和实证分析组合在一起来解释关键的概念和策略。她令人信服地证明，这种激动人心的投资方式能为寻求超额收益的投资组合经理带来优势。

——吉姆·康克林（Jim Conklin），

QFS资产管理联席首席信息官兼研究主管

在这本令人愉快、可读性强的书中，徐博士探讨了一套规则，它规定了在各种市场上收集风险溢价时，策略何时退出。不借助任何投资判断，仅退出纪律本身就意味着一种成功，因为它有助于作出投资中最重要的决策：何时不参与。如果你能够成功避开危机时期（那时所有的分散化措施都会失效），那么作者接下来告诉你其他时段正是你大赚特赚的时机。

——让-马克·博塔齐（Jean-Marc Bottazzi），

Capula公司合伙人

徐博士有一个独特的观点，即将定量纪律与实践推理结合起来。她提出以客观方法投资的简单规则，以避免被市场情绪左右。徐博士不仅解释了市场上的恐惧心理，还展示了如何从恐惧中获利。无论对于何种投资者，本书都是必读书。

——莫莉·达菲（Molly Duffy），瑞士信贷董事总经理

作者将复杂的量化策略提炼为简单的规则，这是一项了不起的工作。从理念形成到风险管理再到交易实施，本书提供了交易策略开发的一个有价值的框架，无论是主动型投资者还是量化投资者都能从中受益。

——贾烨（Jia Ye），第一象限公司合伙人

本书是一部引人瞩目之作，它让非专业人士也能了解关键的市场主题，如波动性、利差交易和动量策略等。所有这些问题都以简单易读的方式论述，没有使用任何复杂的模型和方程。

——斯蒂芬诺·纳特拉（Stefano Natella），
瑞士信贷全球证券研究与分析联合负责人

徐博士的大作将为许多投资者，尤其是投资组合经理和交易员提供很大的帮助。我曾与徐博士密切合作过。她总是

向世界上最大的一些资产管理公司和决策制定者介绍她的定量方法，并给他们留下深刻印象。与徐博士一起工作是一种荣幸，充满快乐。她是一位真正的专业人士，能在复杂的世界中创造出真正的阿尔法和投资绩效。

——马丁·维德曼（Martin Wiedmann），

瑞士信贷外汇交易全球销售总监

译者前言

“大音希声，大象无形。”

同样沉浸量化投资领域多年，当译者数年前翻开本书第一页，发现作者引用禅宗大师青原惟信的禅锋来总结自己对于量化投资的心得时，不禁会心一笑，想到的却是老子的一句教诲。量化研究人员，无论做了多少年，终究会回归到“少就是多，简单为王”的境界。领异标新二月花，删繁就简三秋树；看似原地绕了一个圈，百丈楼中不知攀登了多少层！

本书中珠玉俯拾皆是。例如书中提到的量化投资终极问题：

- 是否理解了持久回报的来源？

- 如何决定何时承担风险？
- 模型是否考虑到了历史价格？
- 是否使用前瞻性信号来辅助交易决策？
- 是否最大程度实现了分散化？

值得任何一位宽客朋友深思熟虑。本书对数据挖掘提炼“愚人之金”的忠告，在当下大数据的潮流中似乎落落寡合，但是过度挖掘的风险不可不防，而且这种风险是现实存在的，不以技术挖掘技术进步为转移。本书介绍的关于波动率/方差互换的知识明白晓畅，随着我国场外衍生品市场的发展，可以预期它们很快就会走到国内机构投资者的身边，正如同互换和期权一样。最为关键的是，本书提出了基于量化投资策略，征战全球外汇、利率、新兴市场、权益指数和波动率市场的一整套方案。译者深以为，国内投资者做全球投资的必由之路是分散化投资，毕竟出于文化、语言等原因我们在全球价值投资上不占任何优势，本书介绍的规律一定程度上可以作为向导。

“上士闻道，勤而行之；中士闻道，若存若亡；下士闻道，大笑之。不笑不足以为道。”量化投资同样贵在实践，有缘、有毅力又有条件的读者，不妨实战检验本书的各项规则。讲真，这个领域中并不是谁技术好、谁数学好就能做得最好，终极“圣杯”还是归属于真爱。

感谢中国人民大学出版社的图书策划人曹沁颖女士，是她独具慧眼发掘出这本量化投资领域的门径之书，并推荐给译者，进而带给读者朋友们。感谢她的极度耐心，使得本书译稿终得以破茧而出。

石建辉

目　录

导　言

老僧三十年前未参禅时，见山是山，见水是水。及至后来，亲见知识，有个入处，见山不是山，见水不是水。而今得个休歇处，依前见山只是山，见水只是水。*

——青原惟信

本书旨在重新发现简单、科学、理性的投资理念。我耗去了成年后的大部分时间在学术界和华尔街设计和实施复杂的交易策略，方认识到简单就是最好的道理。通过经年累月研究能一致盈利的交易策略，我发现在成功交易策略背后蕴含着的简单真理。比模型的复杂程度和参数设置更重要的是

* 语出《五灯会元》卷十七。惟信禅师是宋代黄龙派高僧，因住持江西吉州青原山，世称青原惟信禅师。——译者注

一些基本原理，我将其归纳为一些根本性的问题：

—我们是否理解了持久回报的来源？

—我们如何决定何时承担风险？

—模型是否考虑了历史价格？

—是否使用前瞻性滤波信号来辅助作出交易决策？

—我们是否最大程度实现了分散化？

经验告诉我们，市场专业知识的应用有限；一项简单策略若能在多个不相关市场中广泛应用，就可以在危机事件中提供更好的保护。分析了只有“宽客”（quant）同行能够理解的海量市场数据之后，我们通过简单的“风险开关”规则来避免“数据挖掘”的风险，并使用了历史数据和实时市场情绪指标。长久以来，投资者一直被告知要简单地“买入持有”（buy-and-hold）股票指数；对市场进行择时是不可能的，因为这样做交易费用会耗尽你最后一分钱。

实情是，在中期“买入持有”是一项简单而冒险的策略，在危机事件中可能蒙受重大损失。按月修正交易策略不会产生“日内交易”那样的高昂成本，并且能对市场现实和变化做出快速反应，这一点是买入后束之高阁的策略所不能及的。虽然测量市场高点和低点是不可能的，但是极其审慎地衡量市场焦虑程度（market anxieties），当麻烦来临时拒绝承担风险（turn risk off）却是可能的。虽然应用规则所产生的深远改进看上去像是变戏法一样，也可以说是使用历史数据时在所难免的不足（利用数据挖掘炼出“愚人之金”），但是它将人们日常生活中的直觉扩展至金融市场。天空阴云密布，并不意味着风暴一定要来。尽管如此，为什么要冒风险在那一天出海航行呢？

上述视角，是付出巨大的人力成本、与众多博士们通力合作多年才认识到的。这个智囊团由具有强大学术背景的专业人士组成，一直在为如下问题寻找一个坚实的理由：**首先，为什么交易能赚钱？其次才是，它可以赚多少钱？**在我的职业生涯中，我持续进行学术研究，以更好地理解投资背后的科学基础，在把一个策略付诸实践进行资产管理之前，我总是先从理论上描述它。理论和实践相结合推动了科学的发展：理论物理学家的工作告诉实验物理学家“去哪里寻找”自然界中的有趣成果。我们可以用同一视角来看待金融：来自学术界的新鲜创意可以指出哪里有更好的模式和策略。这方面的知识和经验所产生的最终产品，就是一个基于规则的原理框架，它可以很容易地平移到不同的资产类别上，进而实现最大程度的分散化。

简单的规则可以导致深刻的变化。航空业安全记录的改善，正是起飞和降落前，在检查和安防程序上应用检查清单和规则的结果。气象科学的进步，使得在恶劣天气的威胁下飞机必须停飞。医学领域同样如此：手术前对术者手部和器械按照规则和检查清单进行消毒，极大地减少了感染事故的发生，而感染一度被认为是治疗的天然组成部分。通过模式化的投资建议，投资者被教导“买入持有”策略是最好的，标准普尔500指数是终极基准，舍此之外别无他途，尽管在危机事件中会蒙受惨重损失——所有这些在基于规则的策略面前都不足为据。

人们可能怀疑，如果如此简单的东西却又如此有效，为什么它还没有变得尽人皆知？正如消费品被设计为仅有有限的使用寿命，按“计划性淘汰”* （planned obsolescence）产品在几年后就会失效或变得过时；金融业也是从术语混乱中获利。金融世界中少有东西被描述为“简单”的；从行业术语到充斥着股票代码的信息过载，金融业是一个隐秘的世界，精心维系着一些不传之秘，暗示只有业内人士才可以接触到那些秘密，外界人士无从得知。

幸运的是，本书并非仅为金融专业人士而作，任何想基于客观规则进行投资的人都是潜在读者。全书尽可能避免对方程进行技术讨论（感兴趣的读者可以从参考文献中获得相

---

* 又叫“内嵌入式淘汰”（built-in obsolescence），即通过人为的产品设计使得（本具有较长寿命的）产品提前报废或过时。此处作者认为计划性淘汰是一个充满矛盾的术语，与大多数金融术语充斥着混乱有得一比。——译者注

关信息），重点是培养读者对基于规则的系统的直觉。本书的目的是向投资者展示基于理性、科学的原理构建的规则，隔离了情绪的影响，能够获得可观的成果。

在金融世界中，人们很难将好建议与平庸建议、甚至完全不正确的建议区分开来。“体面收益率”的标准通常认为是标准普尔 500 指数。对股指会逐步达到历史新高的直觉信念，正是持续回报（persistent returns）现象的一个例子。的确如此：长期来说指数会不断增长。这是因为人口不断增长，企业每天都变得更有效率，更具创新性，机会不断增长。文明一般是正强化和改进的循环。

接下来的问题在于，如何最好地捕获这种持续回报。买入持有策略从长远来看有效，但这是一种有风险的策略，收益率波动很大，并且显著暴露在极端市场事件的风险中。在寻找超越“买入持有”策略方面，有很多在历史数据中寻找模式来预测未来价格变动的建议和理论，通常很复杂，也缺乏根据。这可能是数据挖掘的一个例子，因为很容易在现有数据中找到模式，但是与预测未来价格变动无关。

也有其他展现出持续收益的市场的例子，这是我们团队一起探索将基于规则的全球分散化投资组合装配起来时发现的。我们看到在波动率市场上，收取波动溢价是一个持续盈利的策略，可以像保险公司那样在长期中取得成功。新兴市场经济体所表现出的强劲增长——可由 GDP 增长率和其他经济指标揭示——可以更好地通过货币和债券，而不是股市来捕获。我们对改进 G10 货币利差交易的规则进行了讨论。

超越了被动投资和数据挖掘的危险，你知道对于历史数据的利用应当仅限于有限的一阶范围。对于波动率投资，我们使用 GARCH 模型，移动平均的一个智能版本，作为过滤风险的规则。对于利差交易投资，持续回报的关键在于分散化。对于价值投资，可使用宏观经济基本面排名来确定新兴市场国家的“价值”。

投资决策信息进一步通过前瞻性（forward-looking）市场指标进行过滤。对于利差交易和波动率投资，应学会使用 VIX 指数，所谓的市场“恐惧晴雨表”，来度量市场对于未来月份的焦虑程度。对于利率市场，可以利用波动性曲线的形状来建立前瞻性规则。对于新兴市场，可以使用来自信用违约互换（credit default swap，CDS）市场的实时信息来确定市场对于一国信用状况的观点。

这些规则背后的理念是一样的：历史以统计数据的形式提供了背景信息，它进一步由来自市场价格的前瞻性信息（如波动率指数、波动曲线的斜率、CDS 利差等）细化。从价格走势得出的技术规则非常重要，但经济基本面也并非毫无用处，你从本书关于价值投资规则的讨论中可以看出。本书自始至终所展示的最强大的规则，都是由历史性和前瞻性的过滤器结合产生的。最终的完整组合建立在科学基础上，收获了不同资产类别上的分散化的利益。风险在不同市场之间分散，每个市场都独一无二：G10 货币、新兴市场债券和波动率市场。风险分散通过不同的投资风格来实现，如波动率交易、利差交易、价值投资等。本书所提供的样本组合回报远远超过了股票市场，同时波动性也非常低，从而实现了聪明和盈利的投资。

贯穿全书将给出基于类似投资指引的案例：如低频率的交易，你将每月更新投资决策，同时将交易成本最小化。将要开展的这些投资都具有长期盈利能力，其持续收益的来源都很好理解，如波动率溢价、利差交易和新兴市场成长策略等。对于这些投资的潜在风险，如在市场危机事件中可能遭受严重损失，我们也不能坐视不理。你将学习使用前瞻性的市场价格信息——以 VIX 指数、信用违约掉期价差，或波动曲线形状的形式——过滤掉最坏的事件，并减少它们的影响。市场指标提醒你对潜在的市场动荡心怀畏惧，在这些月份，你应该减少承担的风险，而不要对极端事件的结果进行赌博。

我在学术界多年浸淫于金融计量经济学研究，并在投资银行从业 15 年开发量化投资策略，设计出无数金融模型和交易计划之后，最终我以崭新的眼光去重新审视投资的基础，并认识到简单规则所给出的简单投资真理。让我引用艾略特（T. S. Eliot）的诗句来说明：

我们不会停止探索
我们所有探索的终点
都会回到我们开始的地方
而且让我们第一次了解这个地方*

作为我职业经验结晶的是一个新的基于规则的投资系统，其洞察力来源于这样一种确定性，来源于避免情绪驱动的决策，来源于合理利用信息产生科学的规则，进而产生最好最明智的长期投资。

本书通过若干例子展示了基于规则投资的概貌。还有许多其他的投资可能性，并且每天数量不断增长的学术研究帮助我们了解市场上的各种交互作用和因果关系，进而帮助我们设计更好和更强的规则。令人兴奋的例子包括，使用模型自由的波动率/方差溢价（model free volatility/variance premium）来预测未来回报，以及旨在解释利差风险溢价（carry risk premium）并对其定价的研究。本书中介绍的策略可以进一步改进以提高效力，并扩充至其他资产类别和市场上。

---

* 诗句出自艾略特的《四首组诗》（Four Quartets）第四篇“小吉丁”（Little Gidding）。——译者注

此外，我希望在未来的著作中更深入地探索基于规则系统如何对罕见的可怕的“黑天鹅”事件进行预警和对冲。

规则的简单性，也是对不可认知的混沌（chaos）的一种谦卑的认可；混沌足以颠覆整个金融市场。如何做个“混沌弄潮儿”？这个挑战我们必须从冲浪者的角度来审视。毕竟，冲浪是一个人在深不可测、蕴藏着无数惊涛骇浪的湍流边缘，仍有能力优雅地展示控制力的极佳代表。每一次出现小浪花时，经验不足的冲浪者都进行无谓的追逐，从而令自己精疲力尽，这与日内交易并无不同。还有一些人害怕与水亲密接触，只能被动地跟随在乘风破浪者之后，无目的地随波逐流。然而，经验丰富的冲浪者拥有根深蒂固的海滩经验，他锐利的目光时刻盯着地平线，在选择出理想的波浪之前，会过滤掉几十个，如果不是数百个潜在的波浪膨胀。选出正确的波浪之后，训练有素的肌肉开始参与，从而在不可预测的海域起泡的浪峰上滑出一道优美的身影。聪明的冲浪者知道，当恶劣天气在隐隐发出威胁时，无论实际上是否会有暴风雨，那天一定要待在岸上看海。**基本和直观的真理，在最简单的规则中揭示自己。**

第1章

基于规则的波动率投资

“投资于波动性”似乎是一个自相矛盾的说法。在语义上，我们往往将波动性等同于混沌和不可预测，它恰恰是挫败多数投资策略的一股抽象力量。直观上很难想象波动性具有内在价值，更不用说承认波动性为一个丰富而独特的资产类别。许多经验丰富的金融专业人士能够娴熟地阅读会计报告，但一遇到波动性这个深奥的话题，宁可将其视为期权交易商的禁脔。不过在复杂的数学定价模型背后却隐藏着直观的市场原理，它解释了为何“波动性溢价”会存在，以及大多数投资组合如何受益于它。

投资股票通常可理解为拥有一家公司的股份，投资国债即借款给政府，投资商品期货即投资于耐用商品，那么什么是波动率的潜在价值？投资于波动性之前，至关重要的是对潜在利润来源和产生原因有一个初步了解。波动性和期权对很多人来说是一个陌生的领域，充满挑战性，即使对于很多期权交易员和基金经理也是如此，他们对期权的理解仅停留在解释布莱克-斯科尔斯模型（Black-Scholes model）和期权交易的希腊字母层面。结果就给人们造成了这样的印象：通过波动率赚钱似乎是理论物理学家的事，并非应用基本市场原理可以做到。理解热量会从勺子一端传递到另一端，不需要会求解热扩散方程。将时空（space-time）想象为一条绷紧的毯子，把行星这样有质量的物体放在毯子上会形成一个凹陷，理解这一点不要求有博士学位。同样地，理解平均而言卖出波动率是一个有利可图的策略，只需认识到投资者始终愿意为防范不确定性而付钱。

“波动性溢价”之所以存在，是因为投资者心存恐惧。期货交易起源于农民通过期货合约寻求保护以免受商品价格波动的影响。农民提前得到保证在收获季节会获得固定价格的支付。在未来某一日期，投机者将得到收获物的一个未知的“浮动”价格。如果在合同规定日期市场价格高于合约执行价，投机者就能盈利；反之，投机者就会蒙受损失。这种简单安排本质上与波动率互换（volatility swap）并无二致，只不过这里的“固定价格”是互换签订日的隐含波动率（implied volatility，市场预期的波动率水平），“浮动价格”是未来某日波动率的实际水平而已。

但是，农民和投机者之间的合同有利于投机者。平均而言，投机者的盈利一定要大于其损失；否则他们就会迅速从这个行业抽身离去。投机者必须为其持有风险并承担不确定性而获得报酬。相应地，与典型情况下获得的平均价格相比，农民签订合约时天然处于亏损状态。通过向投机者支付长期溢价，农民得到了晚上高枕无忧的权利，不再担忧市场价格突变令自己破产。在一个灾年中，投机者可能蒙受重大损失，但收取保费的累积效应会在长期中弥补这种损失并有富余，这样平均而言投机仍然是一个有利可图的行当。尽管投机者（speculator）这个词有多重含义，经常暗示不计后果和贪得无厌，但当投机者不断发展壮大和多元化并将自己的手艺锤炼为一门科学之后，就摇身一变为一个令人尊敬的称号：保险。

保险可以从一个熟悉的角度提供参考。所有保费设定都偏向保险公司。对于一个健康的 18 岁孩子，即使保险公司给了他一份优厚的寿险合同，报价很低，但是从风险收益角度来看还是过于昂贵。保单持有人应当认识到保单价格中包含的不仅是统计预期赔付，还有开一家保险公司所需的全部日常开销、高管薪酬、广告费用和预期利润。保单中火灾、事故或死亡的“隐含风险”通常超出保单持有人实际面临的风险。如果情况不是这样，保险业就没有利润，保险公司也将不复存在。

金融市场不过是这些熟悉原则的延伸。读者心中记住多付保费的例子，就不会对如下事实感到惊讶：市场预期的隐含波动率是未来的已实现波动率（realized volatility）有偏估计。隐含波动率的价格给出了市场对未来波动性预期的一张快照，其中包含了波动性风险溢价，它正是承担未来不确定风险的补偿。

风险溢价存在于各种资产类别和各类市场上。在债券市场上，由于未来的不确定性，期限较长债券的收益率一般超过期限较短债券。愿意承担长期债务风险的投资者将得到风险溢价的补偿，因为违约总有可能发生。信用违约和信用等级下调的确会出现在信用市场上；然而它们出现的频率低于隐含违约率所反映的。隐含违约风险高于实际风险，因为市场要求在定价中包含“风险溢价”以补偿额外不确定性。

此外，持续的波动性风险溢价有可能植根于供求关系天然失衡。回到我们的保险类比，大部分人渴望得到保险保障，能够签发保单的却是少数人。签发保单的负面影响是巨大的：没有雄厚的资本实力和深厚的多元化客户基础，草率行事只会招致灾难。在金融市场上，参与期权交易的大多数人天然是买家，类似于保单持有人。他们利用期权来规避风险；如果他们在投机，买入期权也只涉及有限下跌风险。另一方面，卖出期权被视为危险得多，因为下跌风险是无限的。股票价值最大跌至零，但它可以无限升值，这意味着一个期权卖家可能遭受下不保底的损失。2008 年金融危机后，更高资本要求和更低杠杆容忍度使得愿意卖出期权的玩家更少了。

当市场危机出现后，这种不平衡就更为尖锐了，这也是为何市场事件的后果，就是为波动性投资者提供了极佳机会。假设我们是一家美国东北部卖洪水保险的企业。通常情况下，洪水保险是一项有利可图的业务，因为收到的保费令偶尔发生的赔付相形见绌。突然间，一场百年一遇的风暴发生了，淹没了数以万计的房屋。作为保险公司我们遭受严重损失，并立刻提高保费以反映新的现实。这场飓风之后，将出现洪水保险需求激增的场面，因为居民对下一场风暴的可能后果充满恐惧，但是保单供给也就是愿意签发保险的公司变少了，因为他们看到了灾难性后果，不希望暴露在这种巨额潜在损失下。高需求、低供给的直接后果就是洪水保险费率飙升。出现反常天气的可能性实际上增加了吗？百年一遇风暴平均意义上仍然只会百年出现一次，正如地质记录所表明的那样。从逻辑上说，洪水保险费率应保持不变，但是市场心理上的结构性失衡促使定价出现非理性。上一场风暴的创伤已痛彻骨髓，对于需要保护的房主和不愿提供这种保护的保险公司都是如此。与我们的天然直觉和情绪正相反，签发洪水保单的最佳时机就是上一场危机之后，因为这时风险溢价最高。事实上，重大市场危机爆发之后，波动性往往是表现最佳的资产类别。

资本市场的波动性

讨论了波动性和风险溢价背后的一般原理之后，我们现在聚焦于如何在资本市场上处理和利用波动性。从技术上讲，波动性度量的是一个特定的时间周期内价格变化的幅度。学术界和业界一致同意波动性应该用收益率也就是价格变动的百分比来度量。收益波动率最常用的指标是标准偏差（standard deviation），它度量收益率的分散程度。标准偏差能够概括极端值出现的概率信息。例如，如果 X 公司股票 10 年中总是上年上涨 10%，下年下跌 10%，那么它就有 10%

的年化波动率。如果Y公司在10年中都是上年上涨20%、下年下跌20%的交替模式，那么它就有20%的年化波动率。尽管10年结束时，两只股票的价格都与期初一样，Y公司的波动性却是X公司的两倍。如果X公司和Y公司都有平均收益率水平，比如说每年10%，那么投资于X公司较Y公司更可取，因为X公司有更大的价格稳定性。X公司股票被认为是一项优越的投资，因为为产生与Y公司股票相同的收益仅需承担较小的风险。

当波动率较高时，出现大额收益（或正或负）的机会较高。从数学上来说，X公司股票的波动率意味着有95%可能性（2个标准差）股价在－10%～30%范围内运动。对于Y公司股票，有95%可能性股价在－30%～40%范围内运动。当然，这里假定收益率服从正态分布，但在现实中上述标准差原理却不足以完全刻画风险，特别是对于内嵌尾部风险的策略（这意味着极端事件发生时会对收益率产生不成比例的巨大影响）。

有了这些基础知识，让我们假设市场隐含着下一年X公司将平均上涨10%，即隐含波动率是10%。你的研究和预测发现实际波动率比10%低得多。你做空（go short）波动率，意味着你收到10%的隐含波动率，并按已实现波动率进行支付，无论其水平高低。实际上，你已经向那些担心波动率超过 10%的人出售了一份保单。如果事实证明 X 公司股价变动不到 10%，你就能盈利。正如可以研究一只股票的价值并对股价涨跌进行投资那样，你也可以在价格运动方向之外，借助定性评估或定量模型对波动率单独形成市场观点。

我们用一个货币市场的例子进行说明。假设市场定价显示未来一年美元兑日元汇率（USDJPY）有 30%的波动率（历史平均水平为 15%）。相反，你的看法是市场将保持镇定。于是你进入这样一份合约：在当年年底，你将支付名义价值 1 000 美元乘以即将揭晓的实际波动率，无论其水平高低；作为交换，你将获得 1 000 美元的名义价值乘以固定波动率水平 30%。在当年年底，如果实际波动率为 20%，你的利润是每个净波动率点（volatility points）乘以 1 000 美元，也就是 10 000 美元（减去交易成本）！

图 1—1 显示了波动率互换合约的原理。方差互换（variance swap）的机制与波动率互换相同，方差是波动率的平方。

重要的是，在金融领域，当人们谈论波动率时，一定要明白他们究竟是指波动率的何种含义。如果一项投资策略涉及波动率，首先要弄清它指的是下列哪个波动率。

历史波动率（historical volatility）：这是过去的收益率

波动率/方差互换是如何运作的

固定波动率/方差（执行价）

投资者A 波动率/方差互换买方 → 投资者B 波动率/方差互换卖方

投资者A 波动率/方差互换买方 ← 投资者B 波动率/方差互换卖方

已实现波动率/方差

- 观点1：我认为市场波动性将比预期的更强
  - 操作：买入方差/波动性互换
  - 支付：合约名义金额×（已实现方差/波动率-方差/波动率执行价）
- 观点2：我认为市场将比预期的更镇定
  - 行动：卖出方差/波动率互换
  - 支付：合约名义金额×（方差/波动率执行价-已实现方差/波动率）

图 1—1　波动率/方差互换原理

的标准差，由历史价格计算得出，经常作为不可观测的实际波动率的估计值。

实际波动率（actual volatility）：这是你要预测的未来某一时间的波动率。

隐含波动率：简单地说，这是期权市场所隐含的波动性。期权的价格取决于行权价、期限、波动率等因素。给定行权价、期限和其他因素不变，你可以直接从期权价格中算出波动率的数值。

解释地更详细一点，你可以对苹果公司过去十年的历史股价信息进行统计分析，得出其历史波动率。过去的表现并不能担保未来的回报，所以单独依靠历史波动率进行交易就像只看后视镜驾驶车辆。与此同时，历史波动率是一种有效信息，它提供了一个有用的指引，你可以将其与你的预测进行比较。如果实际波动率的预测值与历史波动率显著不同，那就需要思考这一预测的理由是什么。

与之相反，隐含波动率仅仅是一个价格，是市场预期的实际波动率在某一时刻的快照。在大公司披露盈利快报的前一天，隐含波动率反映的是市场对未来一个月波动率水平的预期。低隐含波动率意味着市场认为实际业绩与预期一致程度高。业绩快报公布之后，隐含波动率就完全是另外的样子了。如果业绩差于预期，隐含波动率可能因业绩“冲击”（shock）引发期望调整而提高。如果业绩好于预期，隐含波动率也可能因意外（surprise）而抬升。

实际波动率是我们真正试图确定的东西。尽管预测模型远非臻于完美，但模型已日益成为从混沌中寻找意义的不可或缺的工具。正如投资者预测汇率来捕获优厚的利差交易那样，过去 30 年为了预测实际波动率也开发了大量统计方法。机构投资者越来越青睐波动率/方差投资可部分归功于波动率/方差领域的学术进展。罗伯特·恩格尔（Robert Engle），2003 年诺贝尔经济学奖获得者，在波动率建模和预测领域做出了开创性工作。他影响了包括我在内的整整一代“宽客”，我们应用这一领域的研究成果在风险管理和主动投资上应用和改进波动率预测。

通过规则投资于波动性

2008年金融危机之前，所有投资建议一言以蔽之就是构建股票、债券、货币、票据和其他金融工具的多元化投资组合。通过在不同资产类别上分散风险，即使一项资产盈利低于预期，其余资产也可以弥补损失，进而产生适度的长期收益。在2008年市场动荡之后，如何实现分散化一直具有挑战性，因为“安全”资产如主权债券的收益率处于历史低位；与此同时，“高风险”资产如外汇、商品、信用等日益相关，这就减少了分散化的效果。结果就是，你要么以接近零收益率在国债上囤积资金，要么投资于高风险资产并面对所有资产可能一起崩溃的市场风险。

波动性本身就是一种资产类别，正如在信用和权益市场上那样，投资者可以预期从承担波动性风险溢价，也就是隐含波动率和实际波动率的差额上获利。在组合中增加波动率投资带来一个引人注目的特点，那就是它与传统资产类别如股票或债券相关性很低。波动性是一种独立于市场涨跌走势的存在，它只关心市场是否正在移动。紧接重大市场危机之后，波动性往往是表现最好的资产类别。近年来的历史如 2008 年雷曼兄弟破产和 2010 年希腊/欧洲债务危机都表明，紧接危机之后，虽然经济增长步入漫漫熊途，但是波动性投资却开始胜出。正如前面讨论的洪水保险的例子，紧接风暴之后保费处于最高水平，恰为卖出保险的最佳时机。

但是，在市场动荡时期，所有风险资产高度相关，且相关性达到了极致。接收波动率保费策略也不例外。这就是为何波动性溢价投资需要借助一个纪律严明、基于规则的系统的原因。该规则指导你进入交易或置身场外，消除投资中的情绪成分，既避免贪婪又避免恐惧。没有规则的借力，当危机来临时，投资者可能被恐慌所裹挟，并在蒙受惨痛损失后草草离场。惨痛损失会带来情绪和心理上的刺痛，其典型反应就是站在场外吮舔伤口，不敢再次进入一个动荡的市场，而此时恰恰是你应该增加波动率溢价投资的大好时机。

本章介绍的系统化规则利用了简单统计数据和市场指标。统计数据本质上是后视性（backward-looking）的，因为它们从历史数据中得出。市场指标来源于目前的市场价格，通常包括前瞻性成分。最好的投资结果由后视性和前瞻性两种方法的结合来实现。本章案例 1、案例 2 和案例 3 提供了如何在外汇、股票指数和利率三个市场上构建简单有效规则的全面操练。

在三个不同的市场上成功构建三项波动性策略之后，下一步是构建一个波动性投资组合。这一组合具有引人注目的风险回报特征，并且与其他风险资产类别相关性很低，这对于分散化至关重要。你的积极工作会建立一项业绩基准，任何基金经理或金融工具，只要涉及波动率溢价投资，都必须跑赢这一业绩基准才有资格向投资者收费。

从波动性和危险意识上获利

对于投资者而言，在任何策略上投入资金之前首先要问的第一个问题始终应是“为什么这种策略可以赚到钱?”要问的第二个问题是“为什么利润还没有被交易所消除?”对于波动性溢价投资而言，这种策略之所以有利可图，是因为持续性收益是所承担风险的合理报酬。

例如，从长远来看彩票具有负收益。即使你赢得 1 亿美元，如果赢了再投资，你最终还是会破产。投资于彩票的 1 元钱会被政府征税并支付彩票委员会的开销，所以尽管会出现罕见中大奖的情形，平均而言收益总是负的。这就是为何说彩票是一项可怕的投资。如果保险公司被政府国有化，并且创建一个保险交易所，使得赔付与收到的保费精确匹配，这将是一个零收益的例子。从长期来看你既不赚钱也不亏钱。就像私人保险公司的例子，波动率溢价的回报大于零；因为从长期来看，尽管偶尔会出现市场震荡，你仍将获利。

关于波动率溢价能带来持续回报的证据，你可以在市场上轻松找到。风险溢价真实存在，你只需计算波动率实际值与期权市场上 USDJPY 1 月期合约的隐含波动率的差值即可看到。2001 年 1 月—2013 年 7 月，平均而言，市场支付的波动率价格高于实际波动率 0.8%/天（或 0.8 个波动率点）。在 3 000 多天中，有 67%的时间隐含波动率高于实际波动率。

实际上很难以日为基础进行波动性互换交易。因为在市场动荡时期，波动性投资会蒙受巨大损失。此外还有流动性约束、买卖价差（bid/offer spread）过大和资金要求等限制。但是，从长远来看，在大多数市场上，包括股票和利率市场，隐含波动率隐都要显著高于已实现波动率。图 1—2、图 1—3 和图 1—4 显示了隐含波动率与实际波动率的对比，并给出了外汇、股票和利率市场上两者的差异，这正是投资规则将要大显身手的市场。下面将讨论在这三个市场上基于规则的波动性策略的可行性究竟如何。

在查看这些图表时，注意图形中间横轴上方的灰色部分

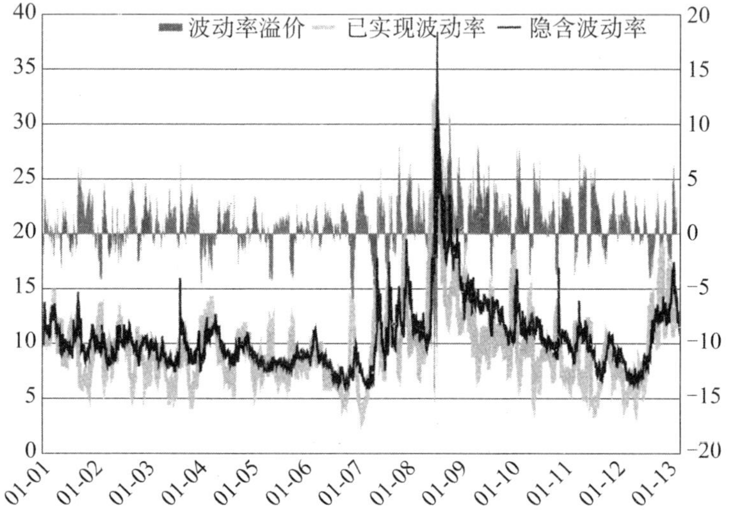

图 1—2　1 月期 USDJPY 波动率（%，波动率溢价标示于右轴）

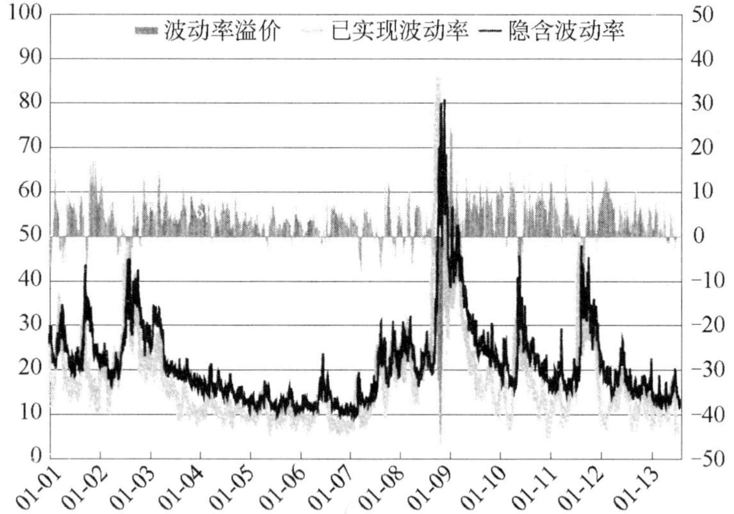

图 1—3　1 月期标准普尔 500 指数波动率（%，波动率溢价标示于右轴）

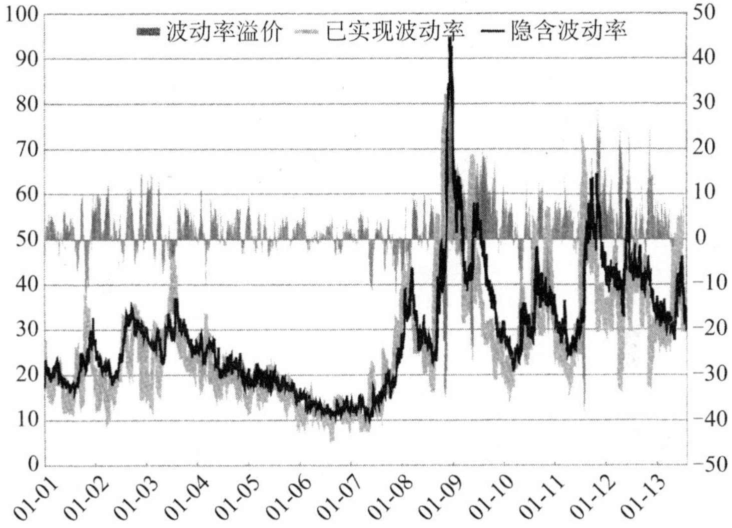

图1—4　1月期美国10年期互换利率的对数正态波动率（%，波动率溢价标示于右轴）

代表波动性溢价投资获利的区域。只有当偶尔低于横轴时，才是波动溢价投资亏损时期。压倒性的正偏差也从图形上显示了持久回报的含义。太平洋投资管理公司（PIMCO）的伦尼森和佩德森（Rennison and Pedersen）研究了涵盖股票、商品、货币和利率在内的14个波动率市场长达28年的表现，显示出波动率溢价存在的强烈证据，其幅度从货币的0.9%至商品期货的4.4%。[①] 特别是，该研究检验了在这14个市

① Rennison，Graham and Niels Pedersen. The Volatility Risk Premium. PIMCO Viewpoint，September 2012.

场上每月卖出跨式（straddle）期权的策略，实现的年化收益从货币的1.2%到商品期货的6.1%，夏普比率从货币的0.7到美国利率和商品期货的1.2。[①] 夏普比率（Sharpe ratio）是资产风险溢价的度量。两种资产若收益率相同，则在更高夏普比率的资产上只需承担更小的风险，即可产生相同的收益，因此是更明智的投资。

接下来的问题是，如果波动性溢价真实存在，为什么这一溢价没有被交易所消除？毕竟，如果能在法国按1美元的价格买入苹果，再在西班牙按10美元的价格卖出苹果（假设没有关税和其他限制），我们预计套利者会迅速利用价格差异进行套利，直到价格差异被消除为止。为什么这一幕没有在波动性溢价上上演？究其原因，正波动率溢价，也就是平均而言隐含波动率持续地高于已实现波动率，并非市场错误定价所致，因此它不会被交易所消除。波动性溢价会一直存在下去，因为它是风险规避这一市场基本驱动力量的天然产物。

对不确定性产生恐惧是一项基本经济原理，正如货币具有时间价值那样。世界各地的经济学本科生都熟悉这样的问

---

① 更精确地说，按照PIMCO的研究，对于货币、权益指数、10年期利率互换期权和商品期货来说，平均风险溢价分别为0.9%、2.2%、2.9%和4.4%，夏普比率分别为0.7、1.0、1.2和1.2。

题：今天一元钱的价值是否等同于明天一元钱的价值？出于多重经济因素，今天的一元钱比明天的一元钱更值钱。今天收到的一元钱可以进行隔夜投资并收到利息，因此投资会增长超过一元钱。此外，还有对通胀的担忧：明天一元钱的购买力可能低于今天的一元钱。还有不常讨论到的信用风险：即使对明天收到的钱进行了保值不受通货膨胀影响，还包含所产生的利息，故今天的一元钱还是价值更高，原因在于不确定性。其他条件不变的情况下，今天的一元钱是有保障的一元钱。明天的一元钱尽管极有可能获得，但也有可能由于自然灾害、事故、诈骗或某种其他灾难使得我们的完美计划被破坏。精明的投资者都知道对意外要有预期。

波动性投资者因针对市场动荡出售保护而获得补偿，道理与固定收益市场上长期限债券获得“期限溢价”（term premium）并无二致。长期限债券由于承担未来通胀和经济增长的不确定性而获得补偿。波动性溢价归根结底是收取“保险费”，并按照波动率的实际值进行赔付，长远来看这一行当如同保险业那样肯定天然盈利。不过，如果发生灾难导致波动率高企，这种投资就会发生亏损。

保险公司有一个伟大的商业模式，它们定期收取的保费超过损失的实际风险。然而损失还是会出现，且一旦出现就会令人痛苦不堪。接受隐含波动率而支付实际波动率就像是签发这样一种期权：当危机事件发生时会遭受大额损失。2008 年 10 月，接受标准普尔 500 指数波动溢价的简单策略会遭受投资超过 48%的损失。任何承诺诱人回报的投资，无论股票、债券、货币还是商品，都有遭受重大损失的风险。或者换一种说法，当罕见事件发生时，做多波动性溢价的策略会遭受不成比例的大额损失。不过幸运的是，波动性溢价策略往往具有极强的恢复力，远远超过其他资产类别，因为危机事件的直接后果就是此时波动性溢价价位最高。美国西部的野火烧毁数以百计的房屋，令保险公司损失惨重。然而，当新投保人涌入时，保险公司立刻开始弥补亏损。这些投保人愿意支付高昂的保费，以保护自己不受邻居遭遇的那种厄运的影响。归根结底，你要投资于好的风险，而避免投资于不良风险。基于规则的投资策略是实现聪明投资的一种手段，可以避免情绪和贪婪带来的不良风险。

基于规则的波动率投资的实例

本节将通过三个市场的三个实例来展示，简单规则如何提升接受波动性溢价的朴素策略（naive strategy）的表现，朴素策略在这里是指简单的“买入持有”策略。三个实例分别是：汇率市场的美元兑日元汇率，股票市场的标准普尔 500 指数，以及利率市场的美国 10 年期互换利率。从所开发的策略可以看出，适用于所有波动性投资的规则的共同点是，都采用了统计指标和市场价格所隐含的指标来决定何时不投资于波动性溢价。统计指标从历史价格数据得出信息，因此必然是后视性的。常见投资宣传材料中的万能免责声明（“过去的业绩并不保证未来的收益”）不完全正确，因为过去的业绩确实有一定的价值。完全忽略它就会丢失有用的信息。相比之下，市场指标取自实时价格，为市场预期拍下一幅快照，本质上是前瞻性指标。综合使用这些原则能够实现优于单个规则的投资成果，如以下各节所示。最重要的是，这样做既避免了贪婪的恶果，也降低了偶尔出现的市场危机所导致的巨额亏损和大幅回撤。当规则指示你应该投资时，尤其是紧接危机之后的时期，你应当遵守规则进行投资，而不是被逃避情绪所左右。

实例 1：基于规则的 USDJPY 波动性策略

我们的任务是采用来自常识的简单规则去打败被动收取波动性溢价的朴素策略。波动性的朴素策略定义[①]如下：每

① 你也可以卖出 1 月期的平价跨式期权，并每天对其进行 delta 对冲保值，以此来赚取波动率溢价。

个月，你在 1 月期 USDJPY 波动率互换合约上投入等量资金。在波动率互换合约项下，你有义务每月底按实际波动率进行支付，同时按预先确定的波动率执行价获得收入，该执行价参考 1 月期平值（at the money）期权的隐含波动率确定。（一个期权称为平值期权，若其行权价与基础资产当前价格相同。）换句话说，朴素策略就是按月“买入持有”波动率溢价，无论发生什么事情，都像机器一样自动完成这些事情。

选取 USDJPY 作为波动性投资的第一个实例是因为 USDJPY 是最具流动性的外汇品种。不仅如此，其衍生品流动性也非常好。根据国际清算银行（BIS）的调查[①]，外汇市场每天成交额超过 4 万亿美元，具有极强的流动性，其期权市场每天成交 2 000 亿美元。外汇市场流动性良好是因为在外汇电子市场上参与者抱着各种目标，如套期保值、储备货币管理或外汇投资等。2008 年市场动荡期间，在其他市场流动性枯竭的同时，外汇市场却表现出持续的流动性，尽管也有所降低。

USDJPY 波动性溢价的持续性已在本章开篇提及，在图 1—5 中再次出现：2001—2013 年，对于 USDJPY 波动率而

① 国际清算银行三年一度的关于外汇和衍生品市场活动的中央银行调查：2001、2004、2007、2010 年度。

言，平均来说 1 月期隐含波动率要比实际波动率高出 0.8%。在 150 个月中，有 100 个月的隐含波动率高于实际波动率，胜率接近 67%。如果每个月投资于朴素策略，若假定交易成本为平均 0.4 个波动率点，净回报将是每年 4.75%，标准偏差为 10.1%，导致的夏普比率为 0.47，这是同期买入并持有标准普尔 500 指数回报的两倍以上。

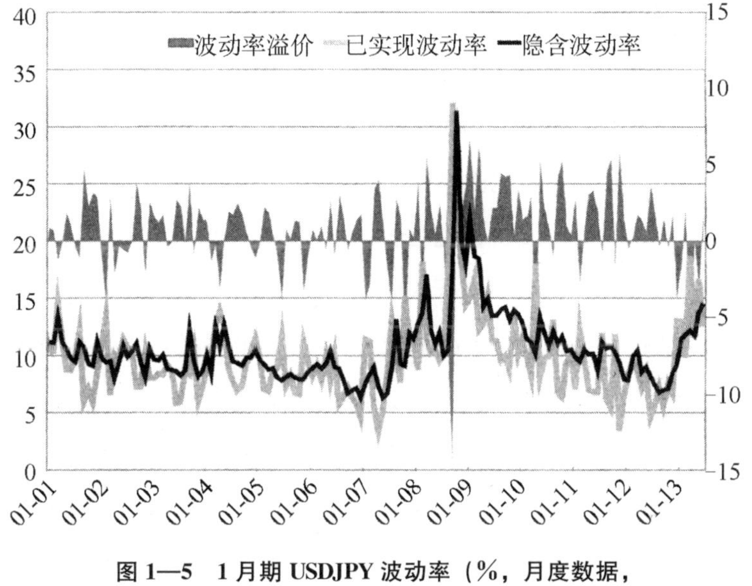

图 1—5　1 月期 USDJPY 波动率（%，月度数据，波动率溢价标示于右轴，已扣除交易成本）

在这里须向初出茅庐的投资者提出一个具有普遍意义的建议：首选“买入持有”策略；市场择时是不可能的，不要白费气力去尝试。“市场择时”（timing the market）试图低买高卖，这要求具有难度极高（如果不是不可能）的技能，普通投资者也不具备“日内交易”（坐在家里打败市场）的基础。业余投资者交易频率过高，其资金会以交易成本的形式漏损，徒令经纪人得益。故比较而言，“买入持有”是更好的选择。问题是，完全被动的策略忽视了明显的市场紧张时期；隐含波动率飙升就是市场发出的紧张不安的信号，每个市场参与者都会对此毛骨悚然。这时不要去承担风险，忽略这些信息是愚不可及的。

然而，如前所述的做多波动率溢价的朴素策略，也就是买入持有策略，会偶然遭受巨大损失。例如，2008 年金融危机最严峻之时，朴素策略在 9 月份会遭受超过 14%的损失。关键是要引入简单的指标来提醒自己，当动荡来临时避免承担不良的风险。有多种方式来改善朴素策略。当有可供使用的历史数据时，施加规则可以最大化历史业绩。这里的危险在于迷失于“数据挖掘”（data miming）的炼金术当中。数据挖掘涉及反复测试历史价格以发现“黄金”规则，也就是完美地最大化历史收益的规则；同时指望它来最大化未来收益。这是一种有缺陷的想法。通过施加足够多的任性规则和调整足够多的参数，总能从历史数据中制造出惊人的收益（姑且将其作为理论利润）。这种做法的缺陷在于，能从历史数据中制造出魔法收益的规则很少能在未来数据上重复自己的辉煌。这是一个简单的陷阱，一不小心就会有人掉进去。从历史数据中的确能够提取到重要信息，基于宽泛模式（如价格波动率之类）的规则有助于开发出广泛适用的策略。但是当人们意图从历史数据中榨取完美的收益时，规则就变得晦涩难解、定位单一，最终得到的就是所谓的“愚人之金”（fool's gold）理论，它在实践中不可避免地要碰壁，因为新的数据会迅速展示出新的特征。应用的规则和模式越复杂，数据挖掘得到的收益越微薄；然而这些方法的施行者却将失败归咎于方法复杂度不够。我们想要的是道理上说得通的规则，参数不必太多，所以我们能够避免数据挖掘的诱惑。

可以应用两个简单的滤波器：第一个滤波器是基于统计后视性的，它使用 USDJPY 的历史数据作出关于未来的智能推理；第二个滤波器是前瞻性的，它从最近的市场交易价格中得出，这些价格中包含了关于金融市场情绪的重要信息。

以史为鉴：GARCH 滤波器

不存在预测即将到来的实际波动率的完美方法，否则本书将只是一本小册子。不过一个好的统计模型可以帮助你作出一项健全的预测。一般默认将日收益率的滚动窗口标准偏差作为预测值，用日收益率平方的指数平滑移动平均作为预测值也很常见。这两个预测值很容易计算，在交易员和分析师当中广泛应用，实际上已成为实际波动率的第一手参考值。随着日内数据日益可得，也可以加总高频收益率的平方得到实际波动率的有效估计值（参见 Bollerslev 和 Anderson 的文献）。图 1—6 显示了分别使用分笔数据和每日一个数据点计算得出的 2013 年 7 月 29 日—8 月 13 日 USDJPY 的单月历史波动率。通常两种方法计算得出的实际波动率可能有较大的差异。

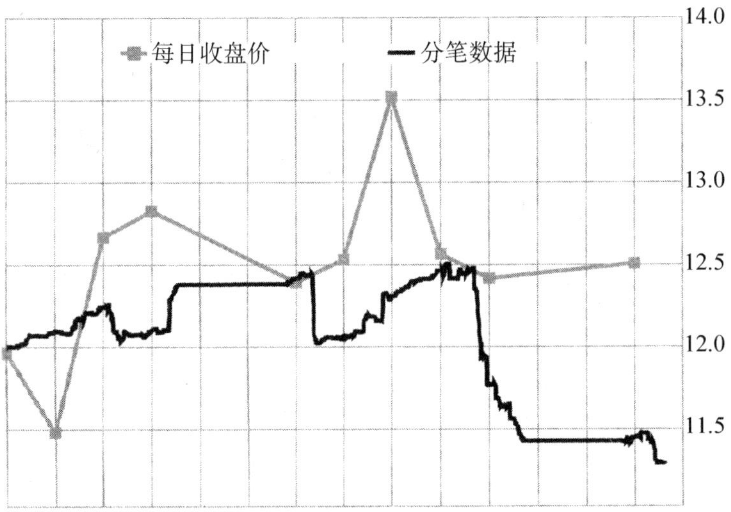

图 1—6　1 月期 USDJPY 历史波动率（%，每日收盘价 Vs. 分笔数据）

资料来源：Bloomberg.

如果高频数据难以获得，下一个选择是利用 GARCH 模型来度量和预测实际波动率。GARCH[①]（Generalized Autoregressive Conditional Heteroskedasticity）表示广义自回归条件异方差模型。正如其名称所暗示的，这一模型有不少技术细节，其详细说明可在各种网站上找到，如纽约大学的V-Lab[②]。简单来说，GARCH说的是：波动率是时变的，这意味着波动率随时间而变化，会从平静期过渡到焦虑期；不同的波动时期往往聚集在一起，这是任何好的波动率预测模型应具备的特点。GARCH就是集成所有这些观察性质的简单优雅的统计模型。

金融市场在响应破坏性事件如战争、自然灾害或市场危机时往往会变得很焦虑。在危机时期，随着价格大幅波动，波动率往往远高于其通常值。这意味着金融市场的波动率在不同时段上并非常数。一般平静期跟随着平静期，而波动期会与波动期聚集在一起。术语异方差（heteoscedasticity）意指方差非恒定，正如市场所显示的那样；而同方差（homoscedasticity）意味着方差是常数。

---

① 1982年罗伯特·恩格尔首先引入了时变波动率（ARCH）模型，见Autoregressive Heteroskedasticity with Estimate of the Variance of United Kingdom Inflation. Econometrica，50（4）：987－1008。1986年蒂姆·伯勒斯列夫（Tim Bollerslev）将其推广为GARCH模型，见Generalized Autoregressive Conditional Heteroskedasticity. Journal of Econometrics，1986（31）：307－327。

② http：//vlab. stern. nyu. edu.

假设方差为常数不足以刻画金融市场的行为。

如前所述，危机时期股票价格的方差显著不同于平静时期股票价格的方差。高级模型必须刻画出这种行为。此外，数据之间的依赖性也必须加以考虑。人们也观察到了如下的聚集（clustering）现象：如果今天出现了极端股价，明天也可能出现极端股价。这些事件还显示出均值回复（mean reversion）特性，意味着数周或数月之后，焦虑的市场终会平静下来，回归其典型长期行为。

归根结底，GARCH 是一个描述波动过程的简单而不失先进性的方法。它具有先进性，因为它不是对过去一段时间发生的事件给予相同的权重；通过指数加权移动平均的方式，它对较近发生的事件赋予更大的权重。这个模型也显示了金融市场的均值回归特性。GARCH 模型有无数的变种，对于我们的目的最简单的 GARCH（1，1）模型即可胜任。在 GARCH（1，1）模型中，今天的方差一方面取决于昨天的方差，这就是括号中第一个“1”的意思；另一方面，也取决于昨天的冲击值是多少（以冲击值平方的形式），即括号中第二个“1”的意思。

图 1—7 显示了 1 月期的 GARCH（1，1）[①] 预测波动率

① GARCH（1，1）是 GARCH 模型族中最简单的模型，它仅使用 4 个参数来刻画波动率和收益率之间的动态机制。

与观察到的已实现波动率（收益率均以收盘价计算）。可以看到，GARCH 较好模拟了实际波动率的起伏，虽然存在一定的滞后，这是其后视性决定的。该模型仅依赖于历史数据，所以一定是市场事件发生在前（并形成数据），然后模型才能做出反应。

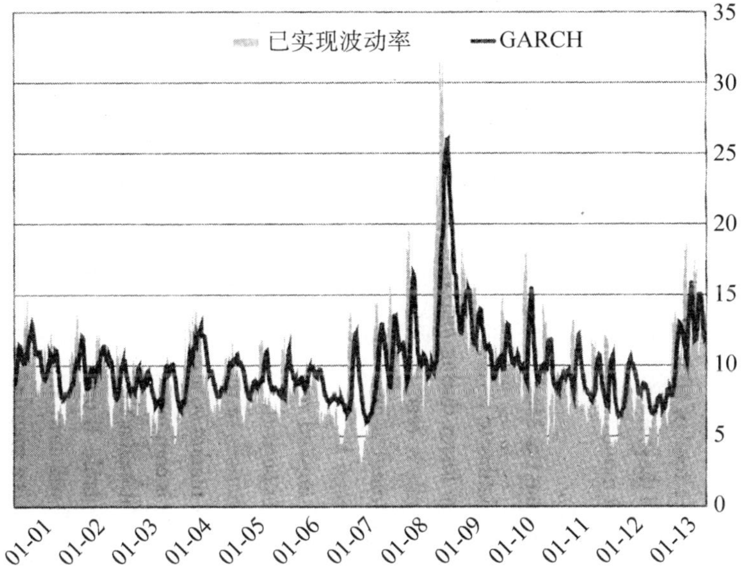

图 1—7　1 月期 USDJPY 的 GARCH 预测波动率（%，年化）

作为一种“高级平均方法”，GARCH 模型提供了实际波动率的一个良好预测。借助它，你可以立即在波动率溢价的朴素策略上应用第一重滤波器。你每月投入等量资金进入一项 1 月期波动率互换合约。该合约的权利与义务如下：你接受预先确定的执行价，它与 USDJPY 的 1 月期平价期权合约的隐含波动率挂钩；同时根据下一期实际波动率进行支付。如果 GARCH 预测下一期为波动率较高，表明近期市场经历了出人意料的大幅变动。平静的表面下正在发生一些不同寻常的事情，提高了人们的焦虑程度。如果 GARCH 模型预测出偏高的波动率①，你就不要承担下面的风险：进入互换合约，在下月根据实际波动率支付。请离场观望。

表 1—1 比较了使用和不使用 GARCH 滤波器的波动率投资结果。2001 年 1 月—2013 年 6 月，使用 GARCH 滤波器可实现与朴素策略类似的收益水平，年化 4.74%。然而标准偏差从 10.1%降低到了 8%，因此夏普比率从 0.47 提高到 0.59。特别地，使用 GARCH 滤波器避开了 2008 年 9 月的最大单月损失 14.7%。2001 年 1 月—2013 年 6 月 150 个月中，GARCH 滤波器在 40 个月中回避交易，不去承担 USDJPY 波动率溢价上的风险。所有业绩都假定交易成本为 0.4%（即每月支付 0.4%），这是一个保守的假设。

① 更准确地说，如果隐含波动率和 GARCH 模型的预测波动率之差未超出一定阈值，你就不要去冒险做空波动率。

表 1—1　2001 年 1 月—2013 年 6 月 USDJPY 1 月期波动率溢价投资的绩效统计（朴素策略 Vs. GARCH 滤波）

	年化平均收益率（%）		年化收益率标准偏差（%）		最大单月损失（%）		夏普比率	
	朴素策略	GARCH 滤波	朴素策略	GARCH 滤波	朴素策略	GARCH 滤波	朴素策略	GARCH 滤波
2001	9.87	9.00	6.35	2.62	−1.67	0.18	1.55	3.43
2002	−4.52	−5.70	8.32	7.90	−4.48	−4.48	−0.54	−0.72
2003	10.97	8.39	5.00	3.87	−1.35	−1.35	2.20	2.17
2004	−1.00	2.99	5.73	5.12	−3.53	−3.53	−0.17	0.58
2005	−5.90	−1.26	6.62	5.68	−4.31	−4.31	−0.89	−0.22
2006	5.70	7.47	4.47	2.63	−1.41	−0.96	1.27	2.84
2007	−9.83	−8.07	11.45	10.63	−6.57	−6.57	−0.86	−0.76
2008	−2.61	6.06	21.63	10.49	−14.70	−7.63	−0.12	0.58
2009	33.04	30.84	7.47	8.01	−0.45	−0.03	4.42	3.85
2010	11.54	4.65	12.09	11.08	−8.28	−8.28	0.95	0.42
2011	18.84	13.84	9.52	9.57	−3.30	−3.30	1.98	1.45
2012—2013	−15.88	−18.10	9.24	9.17	−6.93	−6.93	−1.72	−1.97
全部时段	4.75	4.74	10.14	8.04	−14.70	8.28	0.47	0.59

资料来源：Bloomberg.

从市场中学习：VIX滤波器

在市场动荡期间，做空波动率同时接受波动率溢价的策略往往会遭受巨大损失。于是自然地，你会去查阅号称"恐惧晴雨表"的VIX指数，来了解任何给定时间的市场情绪。"VIX"是芝加哥期权交易所市场波动率指数（the Chicago Board Options Exchange Market Volatility Index）的代码，这是从平价看涨期权和看跌期权得出的标准普尔500指数的隐含波动率。它以收益率的年化标准偏差表示。它衡量市场预期即将到来的30天（平均而言）内股市波动性如何。由于这个原因，它通常称为恐惧指数（fear index），因为如果VIX处于高位，这意味着标准普尔500期权市场预计未来30天会出现高波动率。如果期权市场预计未来低波动，即标准普尔500指数将平滑运行，那么VIX将处于低位。换句话说，VIX可视为市场情绪的一张快照，从中可看出标准普尔500指数的风险程度如何。

图1—8显示了1月期USDJPY隐含波动率和VIX的高度相关性。

作为第二条规则，VIX滤波器以如下简单的方式构建：如果昨天的VIX收盘点位高于一个月平均值，你回避交易、避免承担风险接受波动率溢价。当风高浪急时，不要下海游

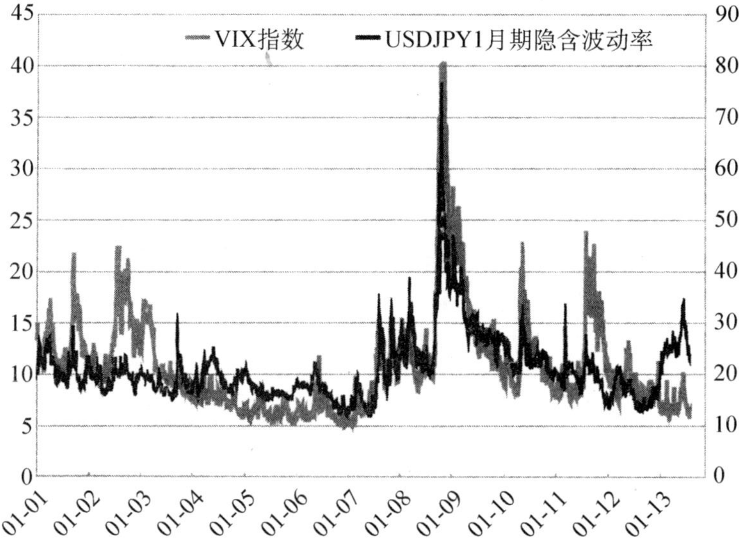

图 1—8　USDJPY 1 月期隐含波动率（左轴）与 VIX 指数（右轴）

泳。这个简单直观的滤波器帮助将年化收益率从 4.75%提高到 5.64%，标准偏差从 10.1%降低到 6.9%。2008 年对于朴素策略来说是最糟糕的年份之一，遭受了 14.7%的损失。不过简单 VIX 滤波器将损失减少近半至 7.6%。此外夏普比率从 0.47 提高到 0.82，表明承担风险取得了优异的回报。各年度投资绩效如表 1—2 所示。

除了 VIX 滤波器外，是否还有其他方法来构建一个全局性风险指标？答案是肯定的。例如，买卖价差（bid-offer spread）是市场流动性的一个良好的表征变量。通常市场流

表 1—2　2001 年 1 月—2013 年 6 月 USDJPY 1 月期波动率溢价投资的绩效统计（朴素策略 Vs. VIX 滤波）

	年化平均收益率（%）		年化收益率标准偏差（%）		最大单月损失（%）		夏普比率	
	朴素策略	VIX 滤波	朴素策略	VIX 滤波	朴素策略	VIX 滤波	朴素策略	VIX 滤波
2001	9.87	8.08	6.35	3.67	−1.67	−0.79	1.55	2.20
2002	−4.52	0.32	8.32	7.39	−4.48	−4.48	−0.54	0.04
2003	10.97	6.00	5.00	3.98	−1.35	−1.35	2.20	1.51
2004	−1.00	0.82	5.73	3.36	−3.53	−1.72	−0.17	0.24
2005	−5.90	−4.56	6.62	6.41	−4.31	−4.31	−0.89	−0.71
2006	5.70	2.53	4.47	3.82	−1.41	−1.41	1.27	0.66
2007	−9.83	8.60	11.45	6.81	−6.57	−4.29	−0.86	1.26
2008	−2.61	7.20	21.63	14.47	−14.70	−7.63	−0.12	0.50
2009	33.04	19.54	7.47	7.07	−0.45	−0.45	4.42	2.76
2010	11.54	4.49	12.09	2.65	−8.28	0.02	0.95	1.69
2011	18.84	16.08	9.52	7.24	−3.30	−2.04	1.98	2.22
2012—2013	−15.88	−2.09	9.24	7.86	−6.93	−6.93	−1.72	−0.27
全部时段	4.75	5.64	10.14	6.86	−14.70	−7.63	0.47	0.82

资料来源：Bloomberg.

动性与买卖差价的大小直接相关。如果买卖差价高于平常水平，这表明做市商（market makers）感到紧张，他们提供流动性的愿意在下降。在这种情况下，一个简单的基于规则的策略就是避免承担风险去实施任何做空策略（如卖出保险）。专业投资者密切关注的另一个市场晴雨表是 TED 价差。TED 价差是 3 个月 LIBOR（伦敦银行同业拆借利率）和 T-Bill 利率之差。具体来说，LIBOR 是银行间的隔夜借贷利率，T-Bill 利率是美国短期国债利率。通常情况下，LIBOR 和美国短期国债利率走势应密切相关，而美国短期国债看上去利率更低、更安全。当 LIBOR 略高于美国短期国债利率时，价差是“紧的”（tight），这意味着银行之间的相互借贷被他们视为几乎与美国国债一样安全。当价差扩大时，表明银行之间的相互借贷看起来不安全、风险更高了。高 LIBOR 利率和高 TED 利差通常意味着银行体系和全球流动性出了问题。

组合则更强：同时应用两个滤波器

现在可以在 1 月期 USDJPY 波动率的朴素策略上同时应用 GARCH 和 VIX 两个滤波器。作为后视性滤波器，GARCH 基于过去的信息预测实际波动率的未来平均路径。VIX 是最基础和应用最广泛的恐惧晴雨表，它揭示了市场的焦虑程度。如表 1—3 所示，同时应用两个滤波器的年化收益率为 5.2%，相比之下，朴素策略的收益率为 4.8%；同时标准偏差从 10.1%降至 5.9%，夏普比率从 0.47 提升至 0.88。2001—2013 年基于规则的 USDJPY 投资策略表现优于标准普尔 500 指数，后者的年化收益率仅为 2.8%，夏普比率为 0.18。使用简单的规则，在同一时期实现了 2 倍于“买入持有”标准普尔 500 指数的回报，同时具有更高的夏普比率（0.9 对 0.18）。

2001 年 1 月—2013 年 6 月，基于风险/回报的考量，基于规则的 USDJPY 波动率策略打败了多项被动投资基准如 MSCI 世界指数（夏普比率 0.16）、巴克莱资本的美国高收益指数（夏普比率 0.85）和全球高收益指数[①]（夏普比率 0.9）。绩效比较汇总于图 1—9，图中显示了累积收益率，所有投资均按年化 10%波动率进行标准化。基于规则的 USDJPY 波动率策略最理想的属性是，它与其他风险资产不相关。USDJPY 波动率策略与标准普尔 500 指数、MSCI 世界指数、美国高收益指数和全球高收益指数月回报率的相关系数分别为−0.10、0.08、0.01 和 0.01。

① 巴克莱资本全球高收益指数以美元计价，收益未对冲汇率风险。巴克莱资本公司的系列指数参见 https：//indices. barcap. com/index. dxml。

表 1—3 2001 年 1 月—2013 年 6 月 USDJPY 1 月期波动率溢价投资的绩效统计（朴素策略 Vs. 联合滤波）

	年化平均收益率（%）		年化收益率标准偏差（%）		最大单月损失（%）		夏普比率	
	朴素策略	联合滤波	朴素策略	联合滤波	朴素策略	联合滤波	朴素策略	联合滤波
2001	9.87	7.46	6.35	2.36	−1.67	0.18	1.55	3.17
2002	−4.52	0.32	8.32	7.39	−4.48	−4.48	−0.54	0.04
2003	10.97	6.90	5.00	3.75	−1.35	−1.35	2.20	1.84
2004	−1.00	3.08	5.73	2.67	−3.53	−0.79	−0.17	1.15
2005	−5.90	−0.52	6.62	5.32	−4.31	−4.31	−0.89	−0.10
2006	5.70	4.30	4.47	1.59	−1.41	−0.96	1.27	2.71
2007	−9.83	6.62	11.45	6.31	−6.57	−4.29	−0.86	1.05
2008	−2.61	4.24	21.63	10.36	−14.70	−7.63	−0.12	0.41
2009	33.04	17.34	7.47	7.27	−0.45	−0.02	4.42	2.38
2010	11.54	2.77	12.09	2.50	−8.28	0.02	0.95	1.11
2011	18.84	13.43	9.52	7.20	−3.30	−2.04	1.98	1.87
2012—2013	−15.88	−3.19	9.24	7.84	−6.93	−6.93	−1.72	−0.41
全部时段	4.75	5.21	10.14	5.91	−14.70	−7.63	0.47	0.88

资料来源：Bloomberg.

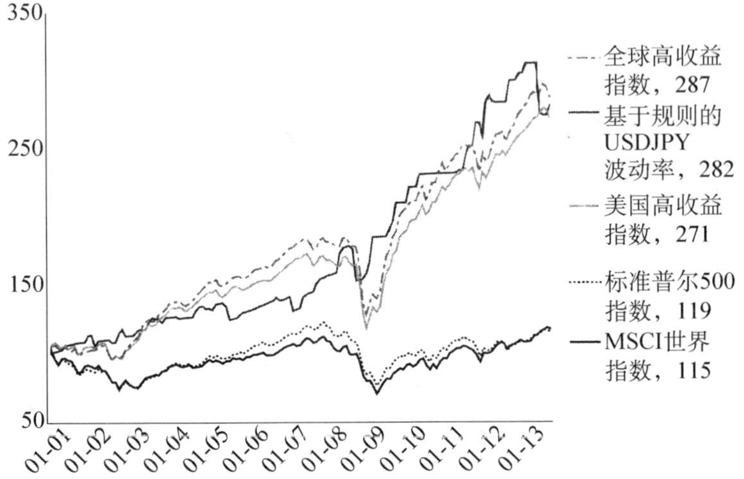

图1—9　2001年1月—2013年6月风险调整累积收益率（波动率＝10%）

案例2：标准普尔500指数波动率

下一个例子是投资于标准普尔500指数的波动率。为了投资于外汇的波动性，波动率互换是最简单的工具。在股票市场中，波动性溢价最好通过方差互换来捕捉，也可以通过如下方法进行投资：卖出一个月平价跨式期权同时delta对冲至到期（对于卖出跨式期权的策略，如果价格保持在一定范围内将取得收益，这意味着投资者预期低波动性）。最近VIX期货的流动性越来越好，同时相关的ETF也被创设出来进行交易，使得个人投资者也能够参与股指的波动率市场。现在波动率市场有丰富的投资选择，可进入性比以往任何时候都强。

对购买保护感兴趣的市场参与者，例如养老金和401k计划，存在天然过剩。养老基金和401k计划是希望获得安全稳定收益的市场巨头，他们愿意出钱购买“保险”免受不利波动的影响。如前所述，保险买家天然比保险卖家多。这种高需求和低供给的不平衡是标准普尔500指数波动率溢价持续存在的幕后驱动力：2001年1月—2013年6月，对于1月期平价波动率合约而言，隐含波动率比实际波动率平均高出3.7个波动率点（约21%）。在150个月中，有122个月隐含波动率高于实际波动率，占比81%。如果你每个月投资于接受波动率溢价的朴素策略，假设平均支付1.5%的交易成本，净回报率将是年化25.7%，标准偏差为26%，导致的夏普比率接近于1，而标准普尔500指数同一时期的夏普比率为0.18。是的，这是正确的：通过朴素的买入持有策略来扮演保险公司的角色、收获标准普尔500指数的波动率溢价，产生的回报率为25.7%。图1—10显示了波动率投资的持久正收益。

既然朴素策略的表现如此出众，还需要对其进行改进吗？所有投资者都会为负偏度及大额尾部风险而苦恼，它意味着极端事件发生时会导致灾难性后果。2008年接受波动率溢价、盲目持有的朴素策略使得投资缩水近85%，几乎令投资者一无所有。没有机构投资者能够扛过这样的损失生存下来，

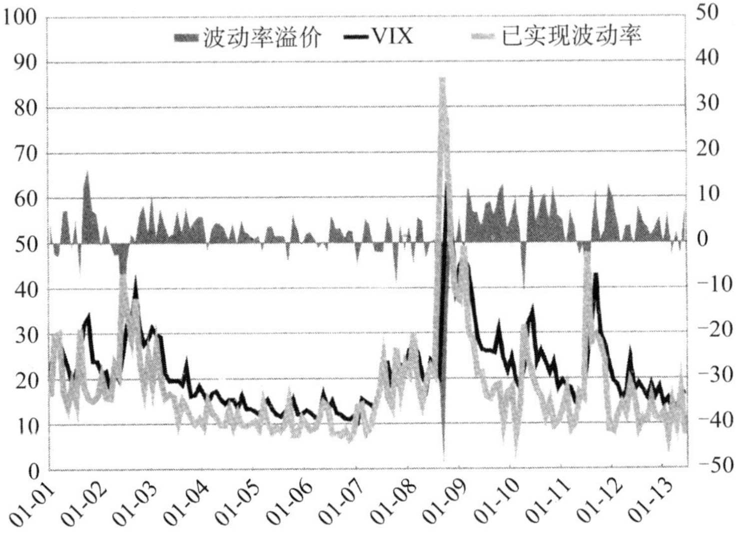

图 1—10　1 月期标准普尔 500 指数波动率（%，月度数据，波动率溢价标示于右轴，已扣除交易成本）

它们管理的资产会纷纷撤离。然而，在 2009 年朴素策略又重获新生，收益率高达 82%。因此，那些在 2008 年遭受重创、被市场吓倒、之后选择袖手旁观的投资者，将失去从 2009 年的市场反弹中恢复和获利的机会。这就是为何投资需要规则，对于波动性投资尤其如此，因为这是一个易为情绪所左右、能够产生巨大收益和损失的市场。

本章将要介绍的下一个规则使用了两个简单的滤波器，意在平滑波动性投资的损益波动并降低危机事件的影响。同之前一样，这些滤波器不会像变戏法那样消灭损失，但会软化打击的力度。通过降低负偏度，基于规则的波动率策略更有可能在长期中生存下来，进而从长期收益中获取利润。

从历史中学习：GARCH 滤波器

同样，你可以使用最简单的 GARCH（1，1）统计模型来预测实际波动率。图 1—11 显示了 GARCH 预测波动率与波动率实际值的关系。GARCH 模型很好地刻画了实际波动率的上下起伏，但是由于它后向依赖于统计数据，故有些滞后。

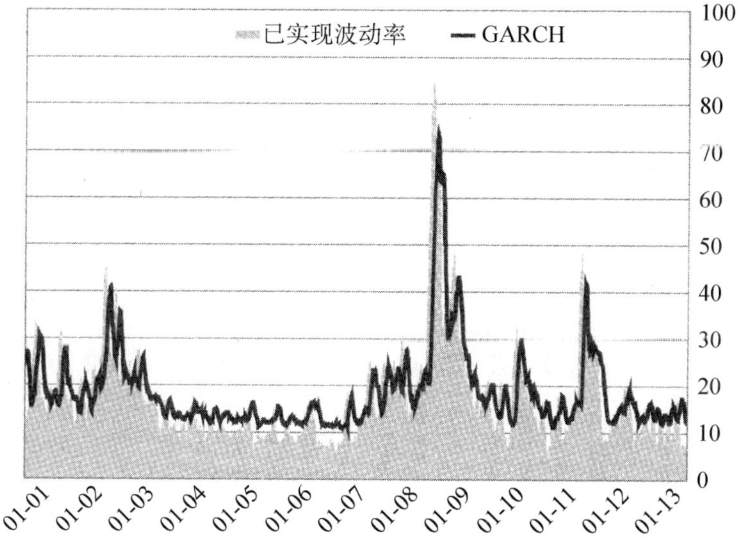

图 1—11　1 月期标准普尔 500 指数的 GARCH 预测波动率（%，年化）

GARCH 策略的运作与之前一样：每个月，你投入等量资金接受波动率溢价[①]，方式是进入如下的交易：收入由预先确定的波动率执行价（它与平价期权的隐含波动率或方差挂钩）确定，支出由下一期的已实现波动率或方差确定。GARCH 滤波器按以下列方式使用：如果 GARCH 模型给出了很大的条件方差预测值，可能因为最近波动率出现了异乎寻常的变动（如果你愿意，可将其称为波动率恐慌），就不要冒险在下个月卖出波动率。表 1—4 记录了 2001 年 1 月—2013 年 6 月应用 GARCH 滤波器的效果。GARCH 滤波器将年化收益率从 25.7％提高到 28.6％；年化标准差从 25.9％急剧降低到 14.3％；夏普比率从 0.99 提高到 2.6。夏普比率的显著改善表明你正在以更明智的方式承担风险。毕竟，如果天气预报说风暴正在临近，你的明智选择就是待在家里。所有结果都扣除了每月 1.5％的交易成本。

最重要的是，在 2008 年 GARCH 滤波器帮助朴素策略从巨额损失转化为盈利。图 1—12 显示了 2008 年 GARCH 模型发出的信号以及标准普尔 500 指数的波动率溢价。2008 年 8 月至 12 月期间，GARCH 模型发出从波动率市场上撤退的信号，从而避免了 90％以上的损失。

① 尽管权益市场上方差互换比波动率互换更为常见，这里为了一致性起见，继续使用“波动率”这一术语。

表1—4　2001年1月—2013年6月标准普尔500指数1月期波动率溢价投资的绩效统计（朴素策略Vs. GARCH滤波）

	年化平均收益率（%）		年化收益率标准偏差（%）		最大单月损失（%）		夏普比率	
	朴素策略	GARCH滤波	朴素策略	GARCH滤波	朴素策略	GARCH滤波	朴素策略	GARCH滤波
2001	52.13	3.70	23.82	0.36	−7.57	0.16	2.19	10.22
2002	−5.25	3.85	24.26	2.05	−19.35	0.12	−0.22	1.87
2003	58.07	47.25	10.63	9.30	1.12	0.11	5.46	5.08
2004	32.53	28.38	8.01	8.19	−1.79	−1.79	4.06	3.47
2005	16.53	12.74	9.62	4.29	−4.39	−0.54	1.72	2.97
2006	20.62	15.34	7.27	4.49	−1.96	−1.21	2.84	3.41
2007	−1.81	3.93	15.95	15.64	−9.66	−9.66	−0.11	0.25
2008	−84.31	7.26	58.00	10.32	−48.45	−4.72	−1.45	0.70
2009	81.61	52.60	16.15	16.78	−4.27	−4.27	5.05	3.14
2010	74.00	57.26	22.10	15.81	−11.05	0.02	3.35	3.62
2011	18.85	13.97	32.58	32.39	−23.93	−23.93	0.58	0.43
2012—2013	35.18	23.92	13.66	12.91	−3.14	−3.14	2.57	1.85
全部时段	25.75	23.15	25.94	14.30	−48.45	23.93	0.99	1.62

资料来源：Bloomberg.

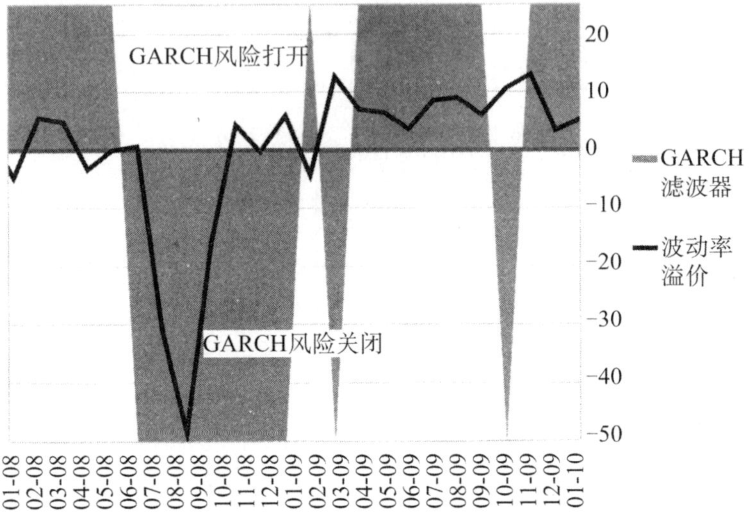

图 1—12　标准普尔 500 指数波动率投资的 GARCH 风险开关

从市场中学习：VIX 滤波器

对于标准普尔 500 指数波动率而言，VIX 指数本身就是构建前瞻性风险开关的不二选择，这一开关利用了市场所蕴含的信息。与 USDJPY 波动率溢价交易相同，仅当上月末 VIX 指数收盘价低于其历史平均水平时，本月才进行标准普尔 500 指数的波动率溢价交易。

VIX 滤波器带来的好处如表 1—5 和图 1—13 所示。总体回报率从 25.7%提高到 28.0%，标准差从 25.9%降低至 16.7%。在 2008 年，这一滤波器将最大单月损失从 48%减少到零，使 2008 年的整体表现从之前的－84%变为－27%。

表1—5　2001年1月—2013年6月标准普尔500指数1月期波动率溢价投资的绩效统计（朴素策略Vs. VIX滤波）

	平均年化收益率（%）		年化收益率标准偏差（%）		最大单月损失（%）		夏普比率	
	朴素策略	VIX滤波	朴素策略	VIX滤波	朴素策略	VIX滤波	朴素策略	VIX滤波
2001	52.13	3.70	23.82	0.36	−7.57	0.16	2.19	10.22
2002	−5.25	18.24	24.26	9.75	−19.35	0.15	−0.22	1.87
2003	58.07	58.07	10.63	10.63	1.12	1.12	5.46	5.46
2004	32.53	32.53	8.01	8.01	−1.79	−1.79	4.06	4.06
2005	16.53	16.53	9.62	9.62	−4.39	−4.39	1.72	1.72
2006	20.62	20.71	7.27	7.25	−1.96	−1.96	2.84	2.86
2007	−1.81	−1.51	15.95	14.35	−9.66	−9.66	−0.11	−0.11
2008	−84.31	−23.04	58.00	33.40	−48.45	−30.97	−1.45	0.69
2009	81.61	81.61	16.15	16.15	−4.27	−4.27	5.05	5.05
2010	74.00	61.35	22.10	21.65	−11.05	−11.05	3.35	2.83
2011	18.85	28.72	32.58	15.23	−23.93	−2.72	0.58	1.89
2012—2013	35.18	32.43	13.66	13.87	−3.14	−3.14	2.57	2.34
全部时段	25.75	28.03	25.94	16.76	−48.45	−30.97	0.99	1.67

资料来源：Bloomberg.

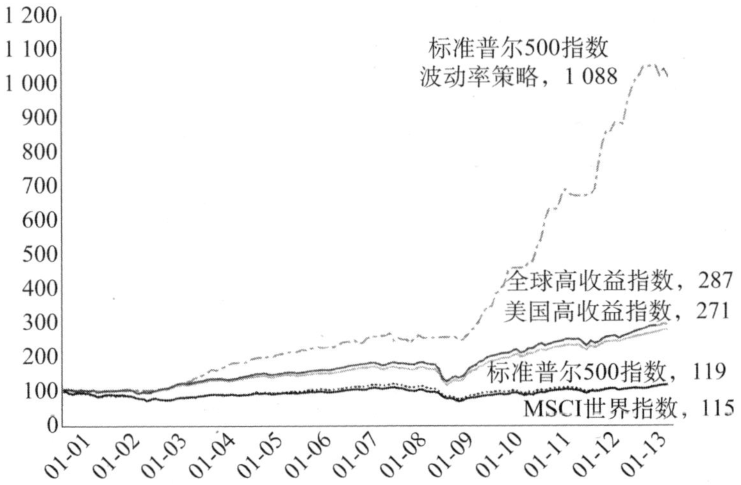

图 1—13　2001 年 1 月—2013 年 6 月风险调整累积收益率（波动率＝10%）

通过应用简单的 VIX 滤波器，波动率溢价投资实现了高达 1.6 的夏普比率，扣除了每月 1.5%的交易成本。

组合则更强：同时应用两个滤波器

在朴素策略上同时应用 GARCH 和 VIX 两个滤波器会如何？结果如表 1—6 所示。同时应用 GARCH 和 VIX 两个滤波器，可以得到 23.4%的年化收益率。标准偏差为 11.9%；夏普比率翻倍，从 1 提高到 2。

尽管上一案例中 USDJPY 波动率策略与业绩基准之间的相关系数很小，标准普尔 500 指数波动率策略与该指数以及其他业绩基准之间却有着更高的相关性。2001 年 1 月—2013

表 1—6　　2001 年 1 月—2013 年 6 月标准普尔 500 指数 1 月期波动率溢价投资的绩效统计（朴素策略 Vs. 联合滤波）

	平均年化收益率（%）		年化收益率标准偏差（%）		最大单月损失（%）		夏普比率	
	朴素策略	联合滤波	朴素策略	联合滤波	朴素策略	联合滤波	朴素策略	联合滤波
2001	52.13	3.70	23.82	0.36	−7.57	0.16	2.19	10.22
2002	−5.25	3.85	24.26	2.05	−19.35	0.12	−0.22	1.87
2003	58.07	47.25	10.63	9.30	1.12	0.11	5.46	5.08
2004	32.53	28.38	8.01	8.19	−1.79	−1.79	4.06	3.47
2005	16.53	12.74	9.62	4.29	−4.39	−0.54	1.72	2.97
2006	20.62	15.34	7.27	4.49	−1.96	−1.21	2.84	3.41
2007	−1.81	0.94	15.95	14.21	−9.66	−9.66	−0.11	0.07
2008	−84.31	3.80	58.00	9.74	−48.45	−4.72	−1.45	0.39
2009	81.61	52.60	16.15	16.78	−4.27	−4.27	5.05	5.14
2010	74.00	57.26	22.10	15.81	−11.05	0.02	3.35	3.62
2011	18.85	23.85	32.58	15.10	−23.93	−2.72	0.58	1.58
2012—2013	35.18	23.92	13.66	12.91	−3.14	−3.14	2.57	1.85
全部时段	25.75	23.42	25.94	11.87	−48.45	9.66	0.99	1.97

资料来源：Bloomberg.

年 6 月期间，该策略与标准普尔 500 指数、MSCI 世界指数、美国高收益指数、全球高收益指数的相关系数分别为 0.32、0.29、0.25 和 0.24。

2008 年在标准普尔 500 指数的波动率投资上 GARCH 滤波器跑赢了 VIX 滤波器，可能诱使你仅使用后视性的 GARCH 滤波器，放弃前瞻性的 VIX 滤波器。需牢记的是，这里展示的 VIX 滤波器规则仅是形式最简单的移动平均——将 VIX 当前水平与一段窗口期的水平进行比较——这存在很大的改进空间。想理解为何联合滤波器收益略低，应懂得如下事实：对于一些波动率处于边界值的月份，联合滤波器发出了停止冒险关闭交易的信号，假如风险就保持在这个水平，那么在这些月份交易实际上是盈利的，因此单独应用 GARCH 滤波器收益更高。但是应当注意，在这些月份继续冒险交易虽然盈利但是承担风险并不明智。更进一步，VIX 指标之外还有其他指标。学术界建议的指标包括方差互换的期限结构和方差曲面的形状等。[①] 在下一个案例中将应用波

① 例子可见：Egloff, Daniel, Markus Leippold, and Liuren Wu. The Term Structure of Variance Swap Rates and Optimal Variance Swap Investments. Journal of Financial and Quantitative Analysis, 45 (5) (October 2010): 1279 - 1310, 以及 Bernales, Alejandro and Guidolin Massimo. Can We Forecast the Implied Volatility Surface Dynamics of Equity Options? Predictability and Economic Value Tests. Working Papers 456, IGIER (Innocenzo Casparini Institute for Economic Research), Bocconi University, 9019。

动率曲面的形状来研究美国互换利率市场。

案例 3：互换利率的波动性

第三个也是最后一个案例显示如何生成和应用简单规则在利率市场的波动率溢价投资中避开大额损失。我们将聚焦于 10 年期美国互换利率的波动率溢价。波动率的持续溢价在美国利率互换市场上尤其显著，那里为对冲按揭提前还款风险催生了对短期限波动率的天然需求。2001—2013 年，1 年期平价互换期权的隐含波动率超出同期已实现波动率 67%，平均差值为 1.8%。但正如图 1—14 所示，在市场震荡时期波动率投资会蒙受突发的惨重损失。这个问题严重困扰着单纯的买入持有式的波动率溢价策略。当市场出现震荡的时候，接受波动率溢价（做空波动率）一方的收益将显著下滑。在地震保险行业，当地震出现的时候，因为地震影响广大区域，可以预期保险公司将面对突然出现的巨额赔付。

本节介绍的规则虽然简单，但是能够帮你避开市场危机事件或缓冲其影响。下一部分将介绍的基于规则的投资策略意在使用后视性统计模型和前瞻性市场指标来避免在市场波动时期进行做空波动率操作。无论你是继续交易还是退出头寸，都不再由情绪或个人市场观点所决定；在特定月份决定你是否进入波动率溢价交易的是一套简单规则，它像开关那

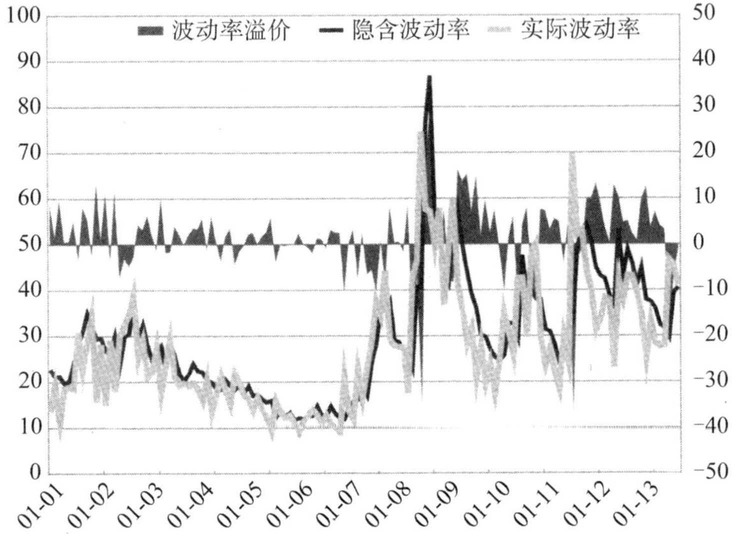

图 1—14　1 月期美国 10 年期互换利率波动率（%，月度数据，波动率溢价标示于右轴，已扣除交易成本）

样发出进出场信号。

与外汇或权益市场互换相比，利率互换或方差互换的流动性较差。捕获波动率溢价最简单的方法是卖出平价跨式互换期权[①]（swaption straddle），然后对其进行 delta 对冲直至到期。1 月期平价鞍式期权具有理想的流动性。流动性本身是市场收取的风险溢价的函数。当一个做市商与客户进行交

① 关于利率互换期权的细节，可参见 Tuckman，Bruce and Angle Serrat. Fixed，Income Securities Tools for Today's Markets 3rd ed. Wiley Finance，2011。

易时，做市商短期内在客户交易的另一边有风险暴露。为清除敞口并消除风险，做市商必须与其他人进行交易来交换风险。做市商为承担此项服务收取的补偿就是买卖价差。买卖价差保证交易是有利于做市商的。当一个市场上有很多参与者的时候，进入和退出交易非常方便，做市活动的风险非常小，市场参与者的供给和需求迅速建立起一个狭窄的价格范围，这一切都意味着流动性非常好。当流动性很差时，人们不知道正确的价格是什么，买卖价差反映了进入昂贵的交易的风险，甚至当你想退出交易时，却发现深陷其中，因为找不到交易对手方。典型情况下你想投资于流动性良好的市场，因为这时交易成本很低（意味着买卖价差很紧），而且你能够以最小的成本迅速退出交易。

与前两项波动率策略相同，现在你可以应用两个滤波器：第一个滤波器是基于统计后视性的，这意味着你可以从互换利率历史的变动资料中进行学习，并对未来走势作出推断。第二个滤波器是前瞻性的，从市场交易的价格中得出。

从历史中学习：GARCH 滤波

同样地，你可以使用最简单的 GARCH 统计模型即 GARCH（1，1）预测实际波动率。如前所述，GARCH（1，1）具有容易估计的优点，并且其估计具有人们想要的性质，例如波动性的时变性和持续性。图 1—15 显示了与已实现波动率相比的GARCH预测波动率。你可以看到GARCH刻画了已实现波动率的起伏；然而由于其后视特性，会存在一定的滞后。对于任何统计模型必然意味着市场事件必须先出现并且作为数据输入，然后模型才有反应，因此会造成持续滞后。

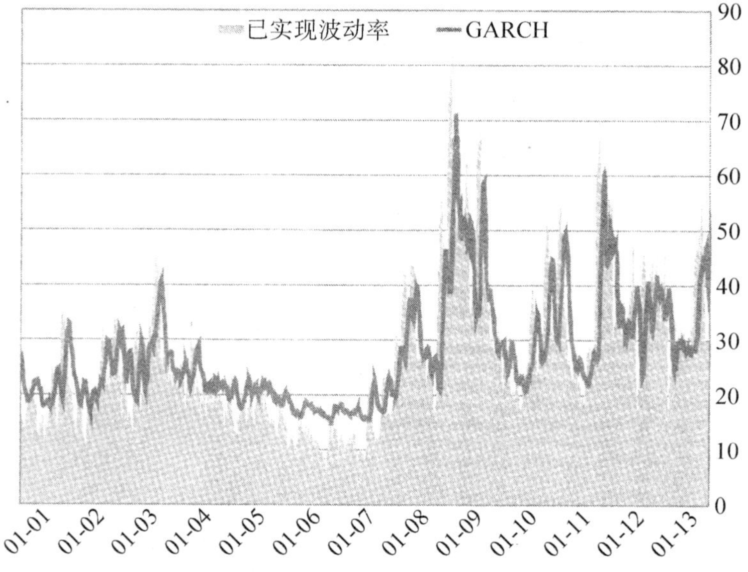

图1—15　GARCH预测的美国10年期互换利率的1月期对数正态收益率（%，年化）

这个GARCH策略的工作原理与之前一样：为了收获波动率溢价，每个月你卖出相同数量的1月期跨式期权，同时进行delta对冲。如果GARCH模型预测在不久的将来会出现高波动性，使得波动溢价未能超过门槛值，在未来一个月你就无须承担卖出波动率的风险。如果昨天的收益率具有一个高于平均水平的移动（即收益率的平方很大），则该信息将以一个高企的 GARCH 预测值的形式显示出来，那么你就不要去做空波动率，因为在未来几个月波动性可能很高。在这里 GARCH 再一次用作收益率改变量的一种“高级平均方法”。

表 1—7 记录了应用 GARCH 滤波器的效果。2001 年 1 月—2013 年 6 月，与简单的卖出跨式期权策略相比，GARCH 滤波器的年化收益率从 18.1％微降至 17.4％。然而，收益率的标准偏差从 28％降至 21％。GARCH 滤波器在 2011 年第二次欧洲债务危机期间运行得非常好，通过将最大单月损失从 37％降至 4％，将当年的回报提高了近 3 倍。然而，GARCH 并非“圣杯”。它在美国互换期权市场上有其局限性。收益率略微下降的原因是，当交易处于“关闭风险”状态时，你避免了收益率分布的两端，既避开了代表损失的负收益端，也避开了代表利润的正收益端。优越的总体风险特征，回报率略低，使得明智的投资成为可能。但微小的收益率损失显示出这一简单模型的局限性；它有巨大的改进潜力。图 1—16 显示出 GARCH 策略未能过滤掉 2008 年 10 月出现的巨大损失，并错过了在危机后接踵而至的市场反弹。

表 1—7　2001 年 1 月—2013 年 6 月美国 10 年期互换利率的 1 月期波动率溢价投资的绩效统计（朴素策略 Vs. GARCH 滤波）

	平均年化收益率（%）		年化收益率标准偏差（%）		最大单月损失（%）		夏普比率	
	朴素策略	GARCH 滤波	朴素策略	GARCH 滤波	朴素策略	GARCH 滤波	朴素策略	GARCH 滤波
2001	11.01	9.61	17.96	10.84	−11.47	−5.33	0.61	0.89
2002	47.41	53.40	17.69	15.49	−3.37	0.14	2.68	3.45
2003	16.19	11.63	21.11	15.53	−7.10	−4.73	0.77	0.75
2004	31.94	26.94	12.13	12.52	−1.78	−1.78	2.63	2.15
2005	5.65	9.50	8.53	3.41	−4.19	0.07	0.66	2.79
2006	3.68	5.89	8.24	7.81	−4.05	−4.05	0.45	0.75
2007	−27.08	15.28	18.64	14.28	−10.35	−10.35	−1.45	−1.07
2008	−5.03	−37.73	57.39	41.91	−34.65	−34.65	−0.09	−0.90
2009	73.71	68.29	29.92	26.24	−8.19	−7.80	2.46	2.60
2010	−8.94	9.54	28.90	22.81	−13.63	−12.66	−0.31	0.42
2011	14.29	41.82	45.04	18.01	−36.59	−4.01	0.32	2.32
2012—2013	26.38	11.41	24.65	25.45	−17.55	−17.55	1.07	0.45
全部时段	18.13	17.40	27.88	21.12	−36.59	−34.65	0.65	0.82

资料来源：Bloomberg.

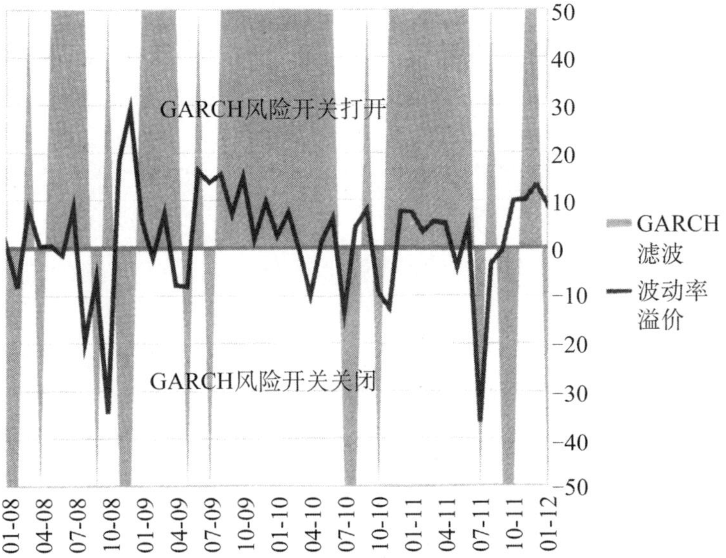

图 1—16　美国互换期权波动率的 GARCH 滤波

从市场中学习：波动率曲线（斜率）滤波器

对于卖出 1 月期跨式互换期权的朴素策略，下一个用作风险开关的滤波器是隐含波动率曲线。你将看到波动率曲线本身具有消除潜在市场危机的过滤能力。在正常市场条件下，波动率曲线应该是向上倾斜的，也就是说，期限较长的期权价格应该比期限较短的期权价格更高，因为定价中包含了更多的不确定性。当期权市场预期将出现重大危机时，短期限期权的价格涨幅甚至超过了长期限期权。这很蹊跷，因为市场说明天比以后一年更不确定。这导致波动率曲线出现反转（inverted）。图 1—17 显示了对应于不同市场情绪的对数正态波动率曲线的形状：在正常市场情况下，曲线向上倾斜或走势平坦；然而在 2008 年全球金融危机期间，波动率曲线反而出现了反转，也就是说，一个月平价期权的波动率高于期限更长期权的波动率。这一时期在几乎所有的期权市场上都可以观察到反转的波动率曲线。

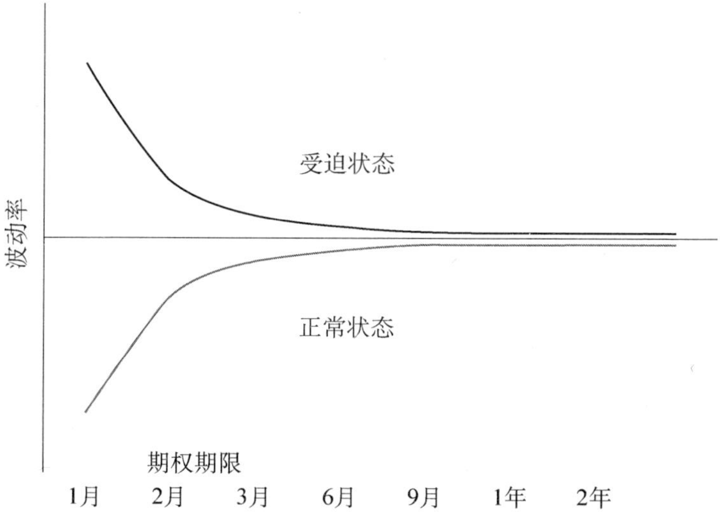

图 1—17　对数正态波动率曲线的向上倾斜与向下倾斜（%）

你可以按以下方式应用波动率曲线滤波器：仅关注波动率曲线上的两个点，即一个月期限与一年期限。这是从经验中得出的简单的基本规则和参数设置，而不是数据挖掘的结果——你可以捕获大部分的市场信息，而不至于让过多的条件来愚弄自己。斜率定义为 1 月期和 1 年期的美国 10 年期互换利率平价期权的波动率之间的差异（比率）。并且只投资于波动率溢价，即如果昨天的曲线斜率不高于其历史平均值，才卖出跨式期权来收获波动率溢价。换句话说，如果曲线短端与曲线长端相比较高（意味着不久的将来是高度不确定的），你就不去承担风险卖出波动率，因为这意味着期权市场的定价中包含了一场即将到来的危机。期权市场可能或对或错，在这个月结束前我们不知道结果。然而，作为一名谨慎的投资者，你不想在这种特殊情况下冒险与期权市场对赌。

表 1—8 和图 1—18 显示了应用波动曲线滤波器的益处。总体回报率低于朴素策略和 GARCH 策略，但风险特征更好。标准偏差从 18%降至 15%。2008 年 10 月这个滤波器帮助避开了朴素策略－35%的单次最大损失。同样，在 2011 年 7 月第二次欧洲信贷危机期间，它帮助过滤掉了单月 37%的巨额亏损，使得最大单月损失降至仅 4%。总体夏普比率从朴素策略的 0.65 提升到 0.88。与前相同，这里所有结果都是扣除交易成本后的净额，假设每月交易成本为 0.6%。

组合则更强：同时应用两个滤波器

将两条规则组合成一个混合策略，你将再次获得一个比两个单一构成策略都要优秀的策略。在朴素策略上同时应用

表 1—8　　2001 年 1 月—2013 年 6 月美国 10 年期互换利率的 1 月期波动率溢价投资的绩效统计（朴素策略 Vs. 波动率曲面滤波）

	平均年化收益率（%）		年化收益率标准偏差（%）		最大单月损失（%）		夏普比率	
	朴素策略	波动率曲面滤波	朴素策略	波动率曲面滤波	朴素策略	波动率曲面滤波	朴素策略	波动率曲面滤波
2001	11.01	−3.73	17.96	12.46	−11.47	−11.47	0.61	−0.30
2002	47.41	38.30	17.69	16.58	−3.37	−2.32	2.68	2.31
2003	16.19	12.67	21.11	15.76	−7.10	−7.10	0.77	0.80
2004	31.94	10.32	12.13	6.71	−1.78	−1.78	2.63	1.54
2005	5.65	8.06	8.53	7.28	−4.19	−4.19	0.66	1.11
2006	3.68	2.23	8.24	5.15	−4.05	−4.05	0.45	0.43
2007	−27.08	1.43	18.64	8.64	−10.35	−7.39	−1.45	0.17
2008	−5.03	−10.86	57.39	22.12	−34.65	−19.75	−0.09	−0.49
2009	73.71	56.12	29.92	25.31	−8.19	−7.80	2.46	2.22
2010	−8.94	−13.07	28.90	19.34	−13.63	−13.63	−0.31	−0.68
2011	14.29	50.06	45.04	17.94	−36.59	−4.01	0.32	2.79
2012—2013	26.38	14.15	24.65	22.87	−17.55	−17.55	1.07	0.62
全部时段	18.13	15.21	27.88	17.22	−36.59	−19.75	0.65	0.88

资料来源：Bloomberg.

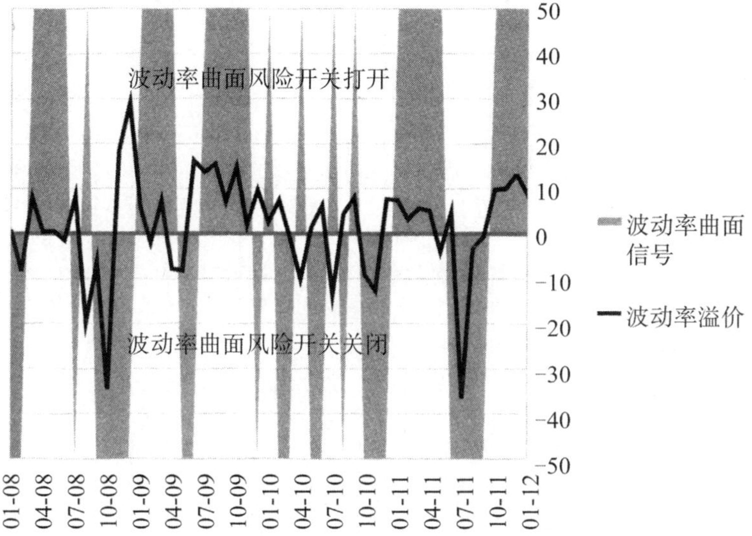

图1—18　1月期美国10年期互换期权的波动率曲面滤波

GARCH滤波器和波动率曲线滤波器会发生什么？表1—9和图1—19给出了结果。GARCH利用了历史信息提供关于未来实际波动率的科学指示，而波动率曲线则告诉我们期权市场是如何对未来的不确定性进行定价的。通过应用这两个过滤器，能够降低波动率溢价投资通常会经历的诸如2008年和2011年之类的巨大损失，同时夏普比率从0.65提升至0.94。

与2001—2013年同期其他风险基准相比，此项基于规则的利率波动率投资策略在风险调整的基础上击败了美国和全球的股票和高收益债券投资。基于规则的美国利率波动率投资和基准指数之间相关性接近于零（从0.03到0.07），使得

表 1—9　　2001 年 1 月—2013 年 6 月美国 10 年期互换利率的 1 月期波动率溢价投资的绩效统计（朴素策略 Vs. 联合滤波）

	平均年化收益率（%）		年化收益率标准偏差（%）		最大单月损失（%）		夏普比率	
	朴素策略	联合滤波	朴素策略	联合滤波	朴素策略	联合滤波	朴素策略	联合滤波
2001	11.01	4.72	17.96	1.09	−11.47	0.16	0.61	4.35
2002	47.41	40.76	17.69	15.85	−3.37	0.14	2.68	2.57
2003	16.19	16.80	21.11	13.10	−7.10	−3.42	0.77	1.28
2004	31.94	10.32	12.13	6.71	−1.78	−1.78	2.63	1.54
2005	5.65	9.77	8.53	3.36	−4.19	0.23	0.66	2.91
2006	3.68	2.90	8.24	5.16	−4.05	−4.05	0.45	0.56
2007	−27.08	−0.55	18.64	8.29	−10.35	−7.39	−1.45	−0.07
2008	−5.03	−11.02	57.39	22.11	−34.65	−19.75	−0.09	−0.50
2009	73.71	42.47	29.92	23.65	−8.19	−7.80	2.46	1.80
2010	−8.94	0.58	28.90	13.67	−13.63	−10.09	−0.31	0.04
2011	14.29	40.34	45.04	17.28	−36.59	−4.01	0.32	2.34
2012—2013	26.38	5.41	24.65	22.91	−17.55	−17.55	1.07	0.24
全部时段	18.13	14.26	27.88	15.23	−36.59	−19.75	0.65	0.94

资料来源：Bloomberg.

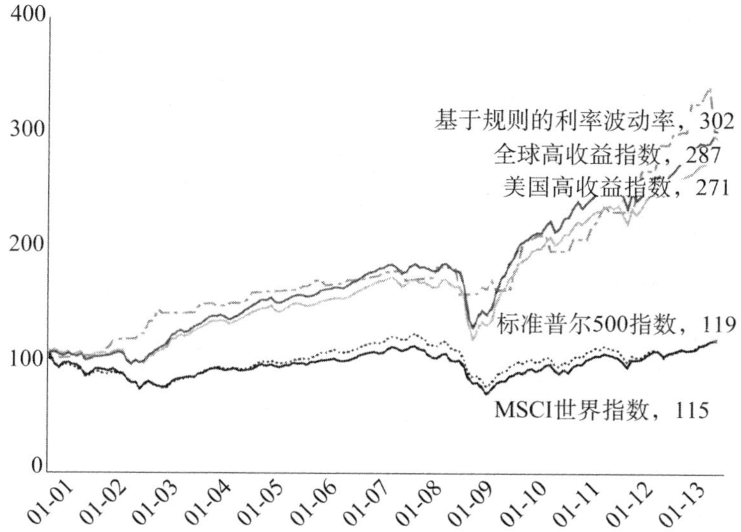

图 1—19　2001 年 1 月—2013 年 6 月风险调整累积收益率（波动率＝10%）

它对任何投资组合都是极好的补充。这是一个赢家组合。基金经理们都希望利用赢家组合来赚取大量管理费和薪酬。但在这里，通过简单的每月一次交易、快速评估两个滤波器，并遵守关于承担风险/回避交易的规则，我们即可实现赢家组合。这也是积极管理所需要的全部东西。

构建波动率组合

在三个高流动的波动率市场上应用简单过滤器之后，我们接下来讨论波动率组合投资，它是三个策略的等权重组合，这些策略组合应用了上面提到的GARCH模型和市场隐含信息。你可以将这一波动率组合投资的表现与相关投资基准进行比较：美国和全球股票指数；美国和全球高收益指数。此外，你还可以将这一基于规则策略的绩效与巴克莱系统交易指数（the Barclay Systematic Trader index）一较高下，该指数平均了466名专业投资经理的表现，他们具有系统交易而不是自由裁量* 的风格。

投资于波动性投资组合的方式是每月对三个波动率策略进行等权重投资。如果任何波动率策略处于风险规避状态，这意味着规则命令你回避投资，你就不必进行全额投资；也就是说，你不用将风险重新分配给剩余的策略。如果所有三个波动率策略都处于风险回避状态（这本身是其他风险投资的有用风险指标），你就回避任何投资。像以前一样，假设如下的交易成本：USDJPY波动率策略0.4%，标准普尔500指数波动率策略1.5%，美国10年期国债波动率策略0.6%。

这个波动性组合击败了全部五个基准。表1—10、表1—11和表1—12报告了详细的业绩统计，图1—20显示了风险调整累计收益。特别是，它与各项基准的相关性都非常低：0.15（与标准普尔500指数），0.16（与MSCI世界指数），

---

* 自由裁量交易（discretionary trading）是指基于人工决策进行交易；系统交易（system trading）是指基于交易系统产生的规则进行交易。——译者注

表1—10 2001年1月—2013年6月平均年化收益率（波动率溢价投资 Vs. 投资基准，%）

	朴素波动率篮子	基于规则的波动率篮子	标准普尔500指数	MSCI世界指数	美国高收益指数	全球高收益指数	系统交易指数
2001	24.33	5.30	−12.07	−17.94	5.86	2.77	3.54
2002	12.55	14.98	−24.35	−21.67	−0.73	4.75	12.16
2003	28.41	23.65	24.22	27.83	25.86	28.60	8.98
2004	21.16	13.93	8.88	12.44	10.67	12.55	0.88
2005	5.43	7.33	3.24	7.62	2.82	3.63	1.14
2006	10.00	7.51	12.99	16.88	11.27	12.94	2.27
2007	−12.91	2.33	3.90	7.27	2.03	3.28	8.61
2008	−30.65	−0.99	−45.45	−50.61	−27.66	−28.31	17.18
2009	62.78	37.47	23.58	26.63	47.51	48.22	−3.29
2010	25.53	20.21	13.80	11.10	14.40	14.32	7.75
2011	17.33	25.87	1.15	−6.47	5.28	3.64	−3.65
2012—2013	17.87	8.71	18.71	13.71	8.90	9.12	−1.84
全部时段	16.21	14.30	2.81	2.67	9.09	9.97	4.18

资料来源：Bloomberg.

表 1—11　　2001 年 1 月—2013 年 6 月年化收益率标准偏差（波动率溢价投资 Vs. 投资基准，%）

	朴素波动率篮子	基于规则的波动率篮子	标准普尔 500 指数	MSCI 世界指数	美国高收益指数	全球高收益指数	系统交易指数
2001	11.65	0.79	19.85	18.20	12.43	10.72	11.32
2002	11.09	5.81	20.61	19.30	12.15	12.23	12.35
2003	10.08	4.44	11.39	12.26	5.83	6.43	11.48
2004	6.41	3.99	7.25	8.19	4.02	4.96	8.63
2005	3.81	2.22	7.81	8.19	5.06	4.64	6.47
2006	5.03	1.87	5.70	7.45	2.28	2.97	6.46
2007	11.38	6.49	9.69	9.33	6.16	5.91	6.95
2008	37.73	11.94	20.99	23.63	21.68	22.82	9.08
2009	13.64	10.04	22.31	23.27	13.03	12.43	5.58
2010	16.80	8.44	19.31	20.60	7.17	9.57	6.69
2011	25.99	10.59	15.97	17.67	9.55	11.06	7.35
2012—2013	10.62	8.81	9.25	11.38	4.88	6.39	5.64
全部时段	16.89	7.69	15.67	16.53	10.67	11.12	8.28

资料来源：Bloomberg.

表1—12　2001年1月—2013年6月年化夏普比率（波动率溢价投资 Vs. 投资基准）

	朴素波动率篮子	基于规则的波动率篮子	标准普尔500指数	MSCI世界指数	美国高收益指数	全球高收益指数	系统交易指数
2001	2.09	6.73	−0.61	−0.99	0.47	0.26	0.31
2002	1.13	2.58	−1.18	−1.12	−0.06	0.39	0.98
2003	2.82	5.33	2.13	2.27	4.44	4.45	0.78
2004	3.30	3.49	1.23	1.52	2.66	2.53	0.10
2005	1.42	3.30	0.41	0.93	0.56	0.78	0.18
2006	1.99	4.02	2.28	2.27	4.95	4.36	0.35
2007	−1.13	0.36	0.40	0.78	0.33	0.55	1.24
2008	−0.81	−0.08	−2.17	−2.14	−1.28	−1.24	1.89
2009	4.60	3.73	1.06	1.14	3.65	3.88	−0.59
2010	1.52	2.39	0.71	0.54	2.01	1.50	1.16
2011	0.67	2.44	0.07	−0.37	0.55	0.33	−0.50
2012—2013	1.68	0.99	2.02	1.20	1.82	1.43	−0.33
全部时段	0.96	1.86	0.18	0.16	0.85	0.90	0.50

资料来源：Bloomberg.

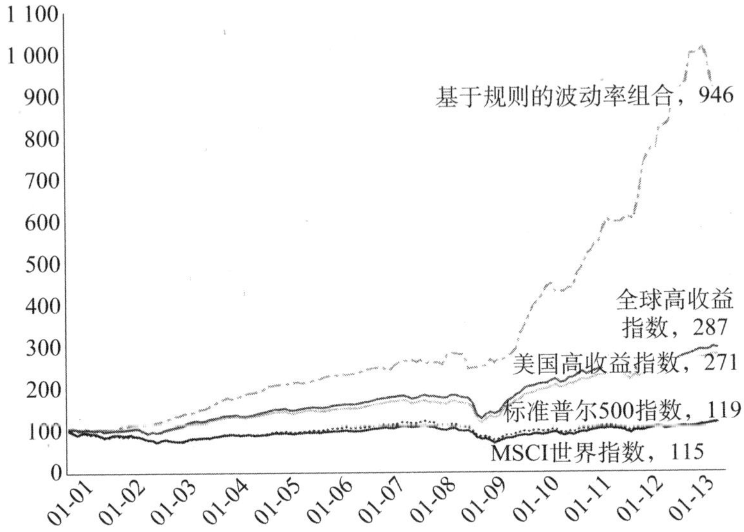

图 1—20　2001 年 1 月—2013 年 6 月风险调整累积收益率（波动率＝10%）

0.18（与美国高收益指数），0.17（与全球高收益指数）。它与系统交易指数的相关性也很低，为－0.06。这些低相关性显示出波动性投资值得作为单独的资产类别。在评估任何与波动率相关的金融产品时，鼓励你使用上述业绩表现作为基准。

结语

在 2008 年年底至 2011 年间，我访问了世界各地无数的机构投资者，并就它们面临的挑战和需求进行讨论。波动性显然是金融危机之后的热门话题。我总是提醒投资者，那些仅聚焦于做多波动性或做空波动性的波动率基金在 2008 年和 2009 年仍将面临生存困难。2008 年是做空波动率基金的艰难时期，但在紧随危机之后的时期，波动性却是表现最好的策略。当时虽然市场已出现反弹，但是市场参与者的心理仍然锚定在危机时期上。由于近期遭受了市场动荡的打击，他们愿意支付高额保险费以免受进一步下跌的打击。

要想长期生存下去，仅投资于单一的资产类别不起作用。随着风险资产日益相关，分散化成为关键，但分散化投资也越来越具有挑战性。投资者和市场参与者的自然趋势是聚焦于特定市场，他们认为他们“懂得”这些市场；他们排除参与其他市场，因为人们很难成为每个市场和资产类别的专家。因此在这里值得为基于规则的投资策略作一宣传：它易于使用和实施，可以带来广泛资产类别上灵活的多样化能力，这正是有利可图的长期投资策略的基础。

虽然 VIX 指数作为一项全球风险指标已经被金融业长期采用，但最近在“模型无关”（model free）方差风险溢价上的学术研究产生了激动人心的结果。隐含方差和已实现方差的差值就是方差风险溢价。传统上，我们依赖于布莱克-斯科尔斯公式来刻画这种关系，这是有缺陷的，因为它假设资产价格遵循理想化的模型。模型无关的隐含波动率/方差起源于卡尔和马丹（Carr and Madan）① 以及其他人的研究，它从期权价格计算得出而不是从具体的定价模型得出。如果我们使用模型无关方差作为隐含方差，并使用高频数据来计算已实现方差，如博勒斯列夫、陶亨和周（Bollerslev，Tauchen and Zhou）所示②，导出的差值即是方差/波动性溢价，它可以作为股票收益率的预测指标，有着比目前流行的变量例如市盈率和利润/债务比率更好的表现。这是一个具有巨大潜力的研究领域，目前正是对其进行探索的大好时机。

---

① Carr，Peter and Dilip Madan. Towards a Theory of Volatility Trading. Chapter 29 in Volatility：New Estimation Techniques for Pricing Derivatives. London：Risk Books，1998.

② Bollerslev，Tim，George Tauchen，and Hao Zhou. Expected Stock Returns and Variance Risk Premia. Review of Financial Studies. 22（11）（November 2009）：4463－4492.

第 2 章

基于规则的利差投资

本章讨论简单规则应用于利差交易时的有效性。本章将定义利差交易，建立“基准”收益率，最后讨论能提高回报并降低风险的利差交易规则。

利差交易（carry trade）是指持有（做多）一项资产并取得收益，同时借入另一项资产（做空）。对于利率交易来说，这涉及以低利率如隔夜拆借利率借入资金，同时以长期利率如 30 年期固定利率贷出资金，当然前提是假设存在一条向上倾斜的收益率曲线。这就是所谓的正利差交易（positive carry)，因为持有这种净头寸会带来盈利。相反的头寸，即接受短期利率和支付长期利率被称为负利差交易（negative carry），因为持有这种头寸会带来损失。

本章的重点是通过正利差交易来实现稳定的回报，同时尽量减少风险。负利差交易，类似于做空一只股票，是一项投机性的高风险策略，其中资产的戏剧性重定价预期将补偿被动持有无利可图头寸的损失。若目标是在基于规则的基础上，追求可靠和可复制的投资策略，同时只需应用最小限度的管理，应研究和改进正利差交易而不是专注于负利差交易。

在金融市场中，利差交易这一术语通常是指货币市场上的投资。它由两部分组成：借入低利率货币（funding currency，融资货币），买入并持有高利率货币（target currency，目标货币）。从这个意义上说，它是成对货币之间的利率套利。在低利率的固定收益环境中，利差交易提供了在高流动性市场中获得更高收益率的机会。只要目标货币相对融资货币不过度贬值以致抹去了两种货币的利率差，这项投资就是有利可图的。

自 2009 年到 2013 年底，美国联邦储备委员会一直保持着低利率。其结果是，借入低利率的美元，投资于利率较高的货币如澳元等，将带来有吸引力的收益率。截至 2013 年 8 月底，有可能通过澳元兑美元（AUDUSD）一个月远期合约实现 2.6%的年化利差，因为澳元对美元的汇率并没有大幅走弱。

现在，在 2013 年底，不仅美国联邦储备委员会已进行了扩张性的货币政策，大多数发达国家都处在同一政策跑道上。图 2—1 和图 2—2 描述了联邦基金利率和英格兰银行的官方银行利率的长期走势。由于全球经济仍处于复苏阶段，利率处于史无前例的低水平上。“安全”投资已成为无收益投资，使得那些寻求微薄回报的资金转向股票、高收益债券和利差交易等风险资产。

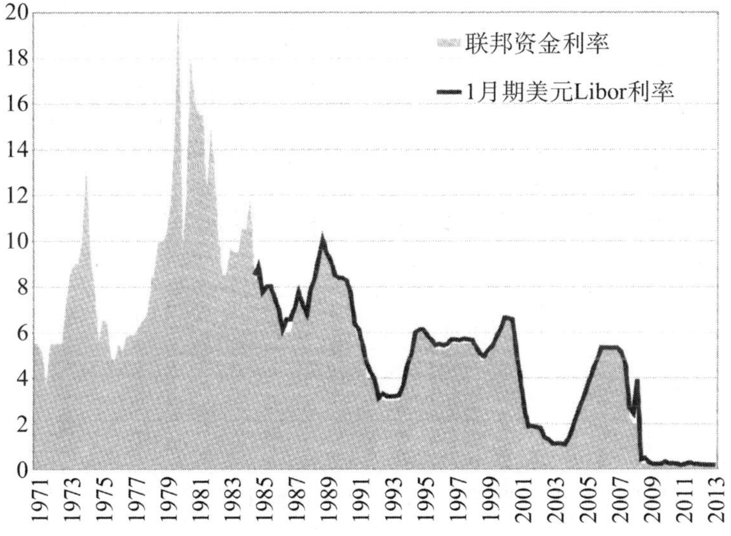

图 2—1 利率处于历史低点：1971 年 3 月以来的联邦资金利率与 1984 年 12 月以来的 1 月期美元 Libor 利率

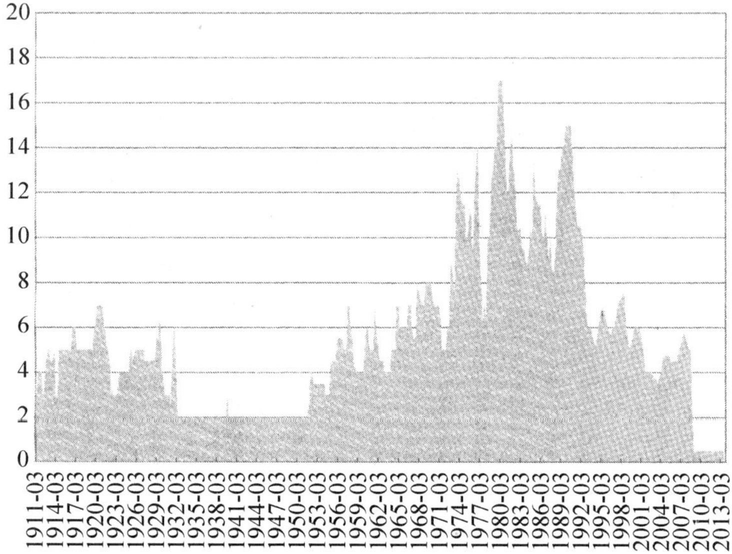

图 2—2　1911 年 3 月以来的英格兰银行官方银行利率

外汇利差交易的“基准”收益率

给出截至目前的汇率风险，你应该期待一项外汇利差交易策略产生什么样的回报？在过去的 10 年中，外汇利差交易是否一直盈利？当然，你要找的是一个比美国国债的无风险利率更高的收益，然而，与其他高风险投资相比，例如投资于股市或美国高收益债券，外汇利差交易的吸引力更大还是更小？

货币利差交易的投资基准需要详细说明，投资于一项简单的利差交易时，盈利与风险的关系如何？我们使用美元作为基础货币，9种最具流动性的外国货币（澳元、加拿大元、瑞士法郎、欧元、英镑、日元、挪威克朗、新西兰元和瑞典克朗）作为目标货币。规则如下：在每月基础上，创建等权重一揽子投资组合；如果外币的利率比美国利率更高，借入1美元和购买外币并持有外币一个月；如果外币的利率比美国利率低，借入与1美元等值的外币，买入持有美元一个月。请注意，这些交易始终为正利差交易，即持有的头寸总是能够带来利息收入。这项投资是“本金无关”（net of funding）的，因为借款成本已考虑在内。因此，带来的回报是超额回报。

这是一个简单、易于实施的投资策略。表2—1概括了2001年1月至今，这项买入持有基础上的利差交易策略的盈利能力。初看上去，结果很有吸引力：在13年中，G10货币之间的简单利差交易策略平均每年带来3.5%的收益率，夏普比率为0.31。这高于在同一时期买入持有标普500指数的收益率，后者每年的收益率为2.8%，夏普比率小于0.18。在考虑的9种外币中，有7种货币的利差交易取得正收益，

表 2—1 单一货币对美元利差交易的绩效统计（2001 年 1 月—2013 年 6 月）

	AUD	CAD	CHF	EUR	GBP	JPY	NOK	NZD	SEK	平均	标准普尔 500 指数
年化平均收益率（%）											
2001—2007	8.55	3.11	−3.14	6.16	3.32	2.97	4.06	10.47	9.62	5.0	2.40
2008	−15.90	−13.60	−6.39	7.37	−12.20	−19.08	−21.46	−22.30	1.96	−11.3	−45.45
2009	28.52	−19.34	−3.46	1.03	11.08	2.14	19.73	26.37	9.62	8.4	23.58
2010—2013	−3.38	−2.56	1.20	4.10	−2.34	10.97	−2.76	0.44	0.47	0.7	12.86
全部时段	7.34	−0.55	−3.37	6.24	2.27	0.77	2.28	7.57	8.59	3.5	2.81
年化收益率标准差（%）											
2001—2007	10.41	7.91	8.82	8.13	7.31	8.46	10.00	10.96	9.79	9.1	13.03
2008	22.34	14.09	18.99	17.31	14.40	11.97	16.29	16.50	16.83	16.5	20.99
2009	17.34	15.40	12.48	13.73	11.41	13.48	9.19	22.45	17.96	14.8	22.31
2010—2013	14.41	8.25	12.55	11.58	8.72	8.77	13.03	14.21	12.14	11.5	14.13
全部时段	13.70	9.64	11.34	10.68	8.95	9.69	11.85	13.74	12.15	11.3	15.67
夏普比率											
2001—2007	0.82	0.39	−0.36	0.76	0.45	0.35	0.41	0.95	0.98	0.55	0.18
2008	−0.71	−0.97	−0.34	0.43	−0.85	−1.59	−1.32	−1.35	0.12	−0.68	−2.17
2009	1.64	−1.26	−0.28	0.07	0.97	0.16	2.15	1.17	0.54	0.57	1.06
2010—2013	−0.23	−0.31	0.10	0.35	−0.27	1.25	−0.21	0.03	0.04	0.06	0.91
全部时段	0.54	−0.06	−0.30	0.58	0.25	0.08	0.19	0.55	0.71	0.31	0.18

资料来源：Bloomberg.

其中美元兑瑞典克朗（USDSEK）* 的收益率最高，为每年 8.59%。

图 2—3 比较了 2001 年 1 月—2013 年 6 月期间，9 项对美元的利差交易策略和标普 500 指数的风险调整绩效。为了得到更公平的绩效比较，可以使用年化 10%的波动率对收益进行调整。9 项利差交易策略中的 6 项表现好于标准普尔 500 指数。

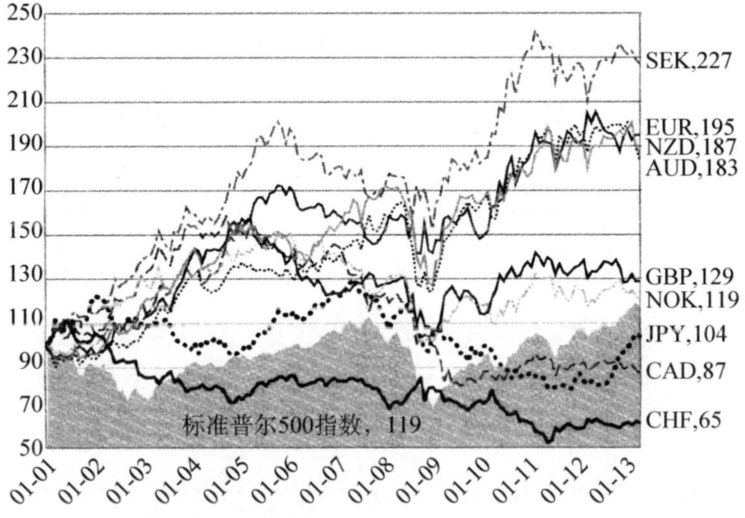

图 2—3　G10 货币利差交易与标准普尔 500 指数的风险调整累积收益率（波动率＝10%）

---

* USDSEK＝x 表示 1 美元（USD）能兑换多少瑞典克朗（SEK）。如果 x 变大就表示美元汇率升值，外汇贬值。类似地，本书以下还有 USDJPY、AUSJPY 等用法，其中 JPY 表示日元，AUS 为澳大利亚元（澳元）。——译者注

比更大收益率更重要的是，利差交易的夏普比率更高，收益率的偏度更小。此外，利差交易的回报率与其他风险资产如标准普尔 500 指数等的收益率，相对不相关。如前所述，夏普比率度量的是一项投资的风险调整绩效。偏度告诉我们的是，如果市场走低，资产的价值会下降到一个更大的程度。高峰度值告诉我们的是，与正态分布的钟形曲线相比，出现极端结果的机会更大。G10 货币间的平均利差交易的峰度值高于标准普尔 500 指数。

表 2—2 更详细地给出了每一种货币（对美元）利差交易的收益率统计与标准普尔 500 指数的比较。可以看到，利差交易在 9 个发达国家货币的平均回报上有显著更好的偏度和峰度特征。与标准普尔 500 指数的平均相关性低至 0.2。这一结果为投资者进行外汇投资、选择基金经理或投资产品时，提供了一个“基线”情景或“投资基准”。当考虑一个股票基金经理时，一个很好的做法是将该基金经理的业绩与标准普尔 500 指数进行比较，并计算两者的相关性。当选择货币基金经理时，你应当像表 2—2 那样比较绩效和相关性，以此确定特定的基金经理确实能够产生价值，从而其收取的基金投资费用是合理的。图 2—4 显示了与标准普尔 500 指数比较，G10 利差交易的风险调整累积收益率。

表 2—2　单一货币对美元利差交易的绩效统计（2001 年 1 月—2013 年 6 月）

	AUD	CAD	CHF	EUR	GBP	JPY	NOK	NZD	SEK	平均	标准普尔 500 指数
单月最大损失（%）	−15.5	−12.2	−13.5	−9.5	−9.4	−7.2	−12.7	−12.8	−7.6	−11.2	−16.9
月度收益率偏度	−0.59	−1.03	−0.21	−0.02	−0.27	0.28	−0.54	−0.40	0.11	−0.3	−0.63
月度收益率峰度	1.79	2.44	1.97	1.09	1.76	0.11	1.08	1.69	0.35	1.4	1.03
与标准普尔 500 指数的相关系数	0.61	0.25	−0.18	0.11	0.14	0.14	0.37	0.53	0.19	0.2	

资料来源：Bloomberg.

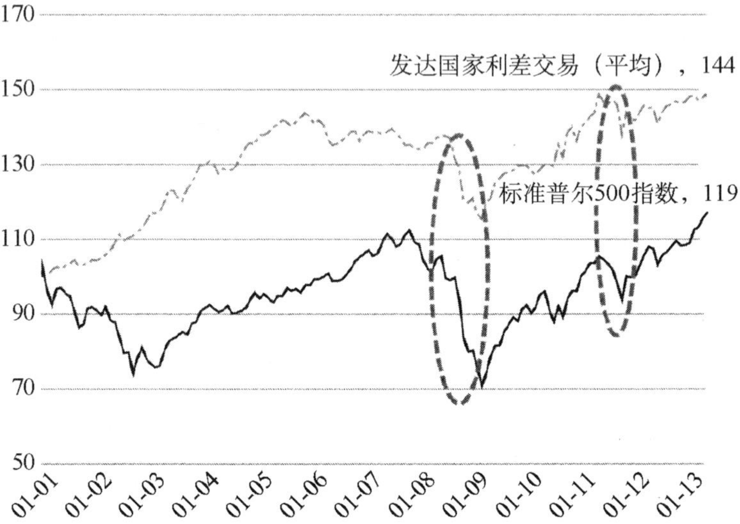

图 2—4　G10 货币利差交易与标准普尔 500 指数（波动率＝10%）

利差交易的风险

利差交易的平均超额收益率为 3.5%，夏普比率超过了股市——这使得利差交易成为一项非常有吸引力的投资。不过，收益背后却隐藏着风险，那就是汇率可能剧烈变动。从最近的历史来看，最流行的一种融资货币是日元，这是日本中央银行在数十年中维持低利率的后果。由于储蓄账户仅提供微薄的收益，因此外汇利差交易在一般民众中变得极为流行。2007 年 9 月 16 日《纽约时报》发表了一篇文章《市场摇摆时日本家庭主妇在秘密投资上辛勤劳作》(Japanese Housewives Sweat in Secret as Markets Reel)，文中指出："直到信贷危机——它开始于美国抵押贷款市场出现问题——之前，日本民众（包括女性）开展的个人网上外汇交易的日平均交易量为 91 亿美元，是全球投资者交易时段中在东京进行的外汇交易量的 1/5。"

这是日元利差交易的顶点。2008 年 8 月—2009 年 1 月，澳元兑日元（AUDJPY）贬值了 43%，其他经常使用的利差交易的货币配对如新西兰元兑日元（NZDJPY）和英镑兑日元（GBPJPY），分别贬值了 42%和 39%。不用说，从利率差异中获得的收益被突然而猛烈的汇率变化所吞噬。图 2—5 显示了 2000—2013 年澳元兑日元、新西兰元兑日元和英镑兑

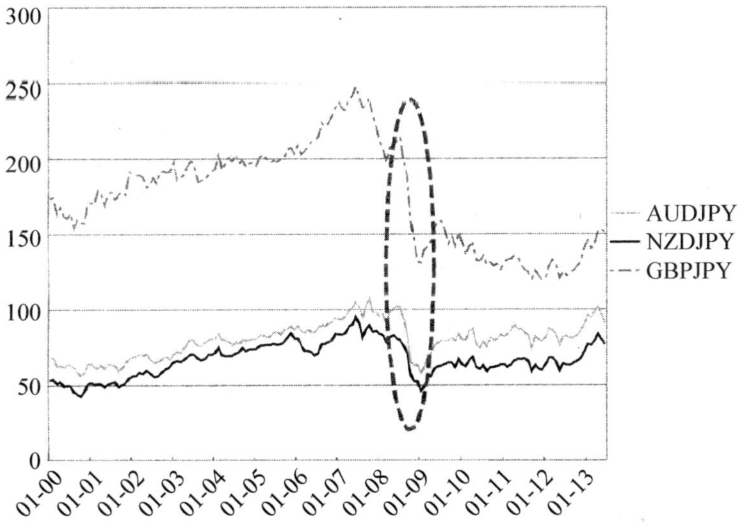

图 2—5　危机期间常见利差交易的表现

日元的走势。这三种货币配对在 2008 年的暴跌提醒我们货币市场有多么动荡。

➤ 蒸汽压路机

图 2—6 显示了利差交易策略会面临何种波动。沃伦·巴菲特曾经说过，利差交易就像是在蒸汽压路机前捡硬币，即利差交易的中度收益，面临着可能被汇率的戏剧性转向所破坏的风险，可以肯定 2008 年秋季澳元兑日元的情形就是例子。

图 2—6　AUDJPY 即期利率与平均利差交易表现

从图 2—6 中可以得出几项重要的结论。首先要注意的是，在近年来几个不同时期中流行的澳元-日元配对与平均 G10 利差交易一揽子组合的高相关性。2001—2005 年是利差交易的丰年。在接近 2005 年底的一段时期，利差交易盈利持平或遭受一点损失。2008 年利差交易遭受严重损失。2009 年包括利差交易在内的风险资产收益反弹。G10 利差交易的一揽子组合始终比单独的澳元-日元配对波动较小，尤其是一揽子组合在金融危机期间回撤明显较小。

利差交易策略的回撤是巨大的；这意味着价值急速下挫是真实存在的危险。一个明显的例子是，2008 年金融危机期间，澳元兑日元汇率经历了单月超过 25%的下跌，这对主要货币而言是一个巨大的跌幅。发生了什么？利差交易有一种拥堵的倾向，因为许多投资者的头寸都是从正收益获利。典型的利差交易都使用高杠杆放大收益，使得投资者退出损失头寸时的紧迫性更强。当交易开始亏损时，投资者蜂拥离场，导致汇率剧烈波动。资本的踩踏造成利差交易的显著平仓风险。在疯狂的市场环境下，买入/卖出价差拉大，投资者意图承担惨重损失以了结头寸摆脱风险。

流行的利差交易已变得与其他风险资产如标准普尔 500 指数和美国高收益信贷市场等高度相关，相关性在危机时期还会进一步增强。例如，从 2001 年 1 月至 2013 年 6 月，澳元兑日元即期收益率与标准普尔 500 指数的相关系数为 0.61，与巴克莱资本美国高收益指数的相关性为 0.54。在 2008 年与标准普尔 500 指数的相关系数增加到 0.75，与美国高收益指数的相关系数增加到 0.81。图 2—7 显示了这些风险资产的共同运动。注意，当你寻找市场忧虑程度的指标时，此种相关性的提高可以作为一个早期预警系统。

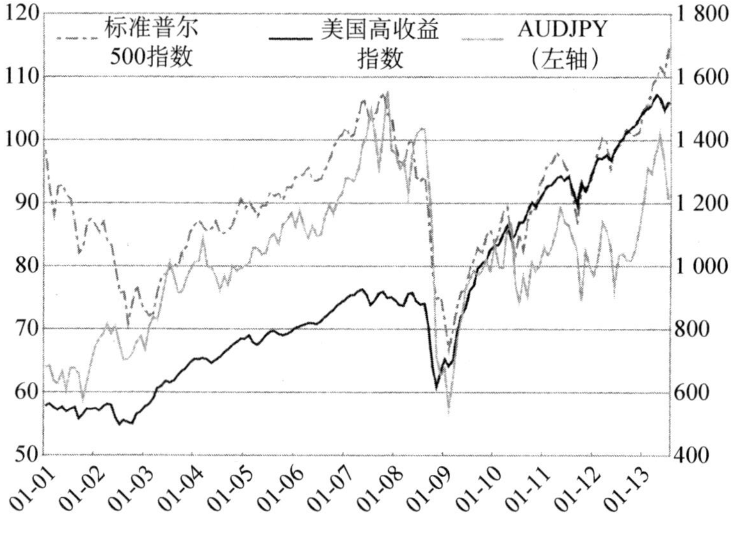

图 2—7 风险资产与 AUDJPY

➤ 简单然而有效的利差交易投资规则

地面在颤抖。面对隆隆逼近的蒸汽压路机的威胁，你需要一个早期预警系统。以下部分提供了三个简单且易于实施的策略来规避即将到来的风险，尽管也存在其他手段来取得类似成果。第一条规则是各币种之间的分散化。第二条规则是使用 VIX（标准普尔 500 指数期权的隐含波动率）作为一个市场将遭遇困难的指标。第三条规则是使用简单动量策略作为利差交易的对冲手段。这些策略的易实施性和有效性是十分明显的，因此在比较专业人士的收益时可将这些策略用作参考。

分散化

流行的单一利差交易策略风险度很高。前面各节的图表中显示了澳元兑日元汇率的剧烈波动。G9 货币对美元利差交易收益率的年化波动率范围是 9%～14%。正如前面各节所讨论的，你可以用 9 种流动性最强的货币（G9）与美元配对，构建一个分散化的利差交易组合：澳大利亚元、加拿大元、瑞士法郎、欧元、英镑、日元、挪威克朗、新西兰元和瑞典克朗。通过简单的分散化投资，不用借助任何奇思妙想，就能够降低利差交易的波动性。为构建这样一个简单的分散化投资组合，你需要在 9 种货币组合上每月投资相同数量的美元。买入相比美元有正利差的货币，卖出相比美元有负利差的货币，持有头寸 1 个月。

结果列示于表 2—3。2001 年 1 月—2013 年 6 月，这一简单的分散化投资组合的夏普比率为 0.62，比单一套利差交易的平均夏普比率高出 50%。分散化 G9 利差交易将总体波动性降低了一半，从平均 11%降至 5.5%。

表 2—3　　简单利差交易与投资基准相比的投资绩效（2001 年 1 月—2013 年 6 月）

	等权重组合	多 3/空 3	标准普尔 500 指数	外汇交易员指数
年化平均收益率（%）				
2001—2007	5.01	3.96	2.40	4.03
2008	−11.29	−9.81	−45.45	2.48
2009	8.41	10.74	23.58	2.06
2010—2013	0.68	1.52	12.86	1.97
全部时段	3.46	2.79	2.81	3.25
年化收益率标准偏差（%）				
2001—2007	3.83	3.29	13.03	6.03
2008	8.55	6.09	20.99	1.93
2009	6.43	4.46	22.31	1.52
2010—2013	6.38	4.22	14.13	2.34
全部时段	5.56	4.01	15.67	4.61
夏普比率				
2001—2007	1.31	1.20	0.18	0.67
2008	−1.32	−1.61	−2.17	1.29
2009	1.31	2.41	1.06	1.35
2010—2013	0.11	0.36	0.91	0.84
全部时段	0.62	0.70	0.18	0.71

资料来源：Bloomberg.

建立分散化投资组合的另一种方法是买入利差排名前三

位的货币，卖出等值的利差排名倒数的三种货币。换句话说，即使一种货币对美元有正利差，如果排名垫底，还是要卖出这种货币。“多 3/空 3”利差交易组合可以获得 0.7 的夏普比率。[①] 通常做法是，同时做多和做空的货币具有相同的美元价值，因为组合是“美元中性”（dollar neutral）的，也就是说，美元相对于其他货币汇率上下波动时组合价值不受影响。

让我们将这两个简单的分散化利差交易策略相对于标准普尔 500 指数和巴克莱货币交易指数的业绩进行对比，巴克莱货币交易指数代表职业货币经理的平均业绩。[②] 2001 年 1 月—2013 年 6 月期间，两个分散化利差交易组合的年化收益率分别为 3.5%和 2.8%，夏普比率分别为 0.62 和 0.70，都跑赢了标准普尔 500 指数。值得注意的是，平均而言专业外汇交易员并没有显著超越这些简单的分散化投资组合，其夏普比率为 0.71。图 2—8 显示了这两个分散化组合相对于标普 500 指数和外汇交易指数的历史表现，其中波动率的年化水平取 10%。分散化利差交易投资组合堪比专业人士操盘的

---

① 注意：这里报告的收益率均已扣除了借款成本，但未扣除交易成本。

② 巴克莱（不要和巴克莱资本混淆）货币交易指数是一些投资管理项目的等权重组合，这些项目交易货币期货（currency futures）和/或在银行间市场上交易现金远期（cash forwards）。在 2013 年，这一指数包括 103 个货币投资项目。

货币投资项目。货币经理人（在这里由外汇交易指数代表）整体上在最小化下行风险（downside risk）方面做得不错：2008 年，外汇交易指数上涨了 2.5%，标准普尔 500 指数下跌超过 45%，而这两个分散化利差组合损失了 11.3% 和 9.8%。在下一节将解决这个问题。

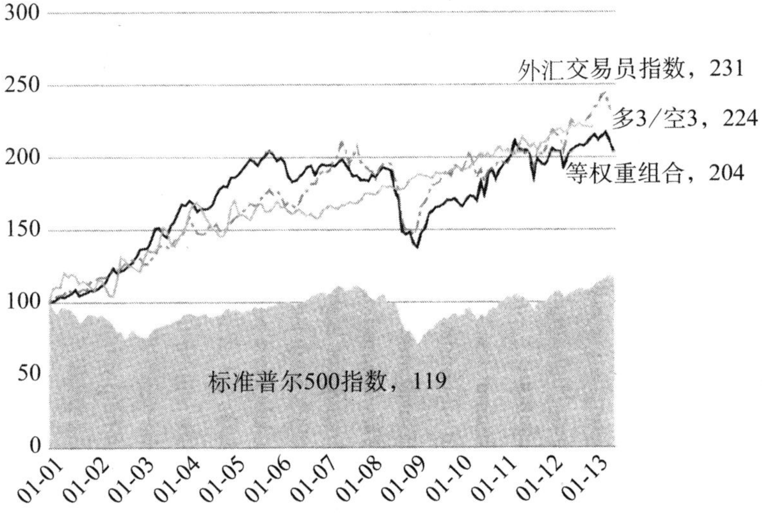

图 2—8　风险调整累积收益率（波动率＝10%）

VIX：读取市场信号，躲开蒸汽压路机

分散化有助于降低下行风险，但不能完全消除它。第二条规则是，以 VIX 之类的市场信号（market indicator）为条件进行利差交易。为什么这样做？让我们继续蒸汽压路机的

比喻。当地面开始震动、鸟兽奔走逃命时，是时候在灾难辗轧之前停止捡硬币了。当然，地面隆隆作响，也可能是一辆重型卡车或一群牲畜路过，但为什么还停在路上面临被辗轧的风险呢？

对于灾难会何时出现，无人有先见之明。当恐惧开始在市场参与者尤其是熟练交易员之间蔓延时，你想了解这一局面。与其每年花费数千美元订阅某个复杂“风险指标”的通讯或模型，更容易、更有效的做法是简单观察期权市场的行为。期权定价本质上是高度量化和技术化的，通常由一些最聪明的人士在交易大厅交易。期权交易席位都装备精良，可以探测到最微小的风险情绪变化，期权交易员根据最微小的麻烦征兆来进行操作。当隐含波动率飙升时，这意味着“快钱”（fast money）的不安和紧张。隐含波动率高企是一个警告：参与市场需谨慎。

实施 VIX 滤波器的一种方式是，以 VIX 指标为条件切换利差交易的打开/关闭。

为什么股票市场的这项情绪指标对外汇交易起作用？这基于一项重要的发现：在危机中，风险交易是高度相关的。风险交易（risk trades）包括股票、外汇、高收益信用产品及其他可能遭受巨大损失的流动性资产（相对于国债和其他“避风港”资产）。

当然有时货币配对与标准普尔 500 指数的相关性不是那么高。但是，以 VIX 为条件来控制外汇利差交易可以帮助你避开全球性的“超级崩溃”（super meltown）事件，如 2008 年的崩盘。

以 VIX 为条件来打开/关闭利差交易产生了明显成效。类似于本章前面诸节中讨论的简单的“买入持有”利差交易，你投资于 9 种最具流动性的货币（G9）与美元的配对。每月进行一次观察，看看前一个交易日 VIX 收盘水平如何。如果前一日 VIX 值高于过去一年 VIX 水平的 90%分位数，则不进行利差交易。如果前一日 VIX 值低于过去一年 VIX 水平的 90%分位数，则进行利差交易。可以将 VIX 滤波器应用于两个分散化利差交易组合：等权重组合和“多 3/空 3”组合。

上述简单的基于条件规则的利差交易的表现如表 2—4 所示。相比于简单的分散化投资组合，基于条件规则的策略每年收益率增加超过 1%，年化波动率下降 0.6%～0.8%，因此取得了大于 1 的夏普比率，将其提升了近 40%。叠加使用 VIX 滤波器的好处显示于图 2—9，其中比较了两类利差交易组合在使用和不使用风险信号情况下的风险调整累计收益率。

为什么应用 VIX 滤波器带来的改进如此显著？原因是，

表 2—4 有/无 VIX 滤波器的利差交易与投资基准相比的投资绩效（2001 年 1 月—2013 年 6 月）

	等权重组合	多 3/空 3	VIX 叠加等权重组合	VIX 叠加多 3/空 3	标准普尔 500 指数	外汇交易员指数
年化平均收益率（%）						
2001—2007	5.01	3.96	5.39	3.83	2.40	4.03
2008	−11.29	−9.81	−3.27	−2.56	−45.45	2.48
2009	8.41	10.74	8.41	10.74	23.58	2.06
2010—2013	0.63	1.52	2.42	2.43	12.86	1.97
全部时段	3.46	2.79	4.83	3.80	2.81	3.25
年化收益率标准偏差（%）						
2001—2007	3.83	3.29	3.65	3.08	13.03	6.03
2008	8.55	6.09	4.50	3.40	20.99	1.93
2009	6.43	4.46	6.43	4.46	22.31	1.52
2010—2013	6.38	4.22	5.74	3.78	14.13	2.34
全部时段	5.56	4.01	4.76	3.38	15.67	4.61
夏普比率						
2001—2007	1.31	1.20	1.48	1.24	0.18	0.67
2008	−1.32	−1.61	−0.73	−0.75	−2.17	1.29
2009	1.31	2.41	1.31	2.41	1.06	1.35
2010—2013	0.14	0.36	0.42	0.64	1.20	1.11
全部时段	0.62	0.70	1.01	1.13	0.18	0.71

资料来源：Bloomberg.

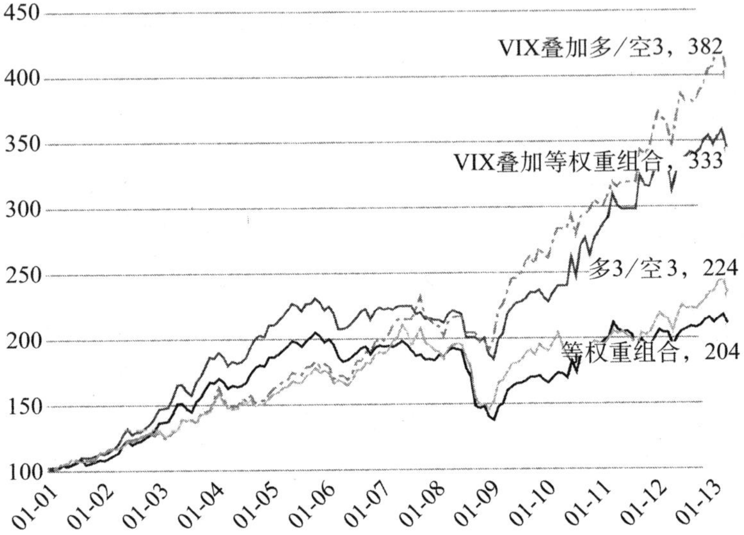

图 2—9　利差交易风险调整累积收益率（波动率＝10%）

以 VIX 为条件可以让利差交易避开过去十年中出现的三次危机：2007 年初露峥嵘的次贷危机，2008 年最大的单一金融危机，以及 2010 年的欧盟/希腊危机。这些危机在全球范围内迅速蔓延，令所有风险资产集体崩盘。以 VIX 作为恐惧晴雨表，如果它出现异常高的水平（超过 90%分位数），你就关闭利差交易，把钱转换成现金，或投资于“避风港”资产如国债或黄金。因此，VIX 是一个有用的全球风险指标，不仅适用于股票投资，也适用于其他看上去并不相关的风险投资如高收益信用债和外汇利差交易。图 2—10 显示了风险开关信号作用于等权重利差交易组合的时机选择和对绩效的影响。

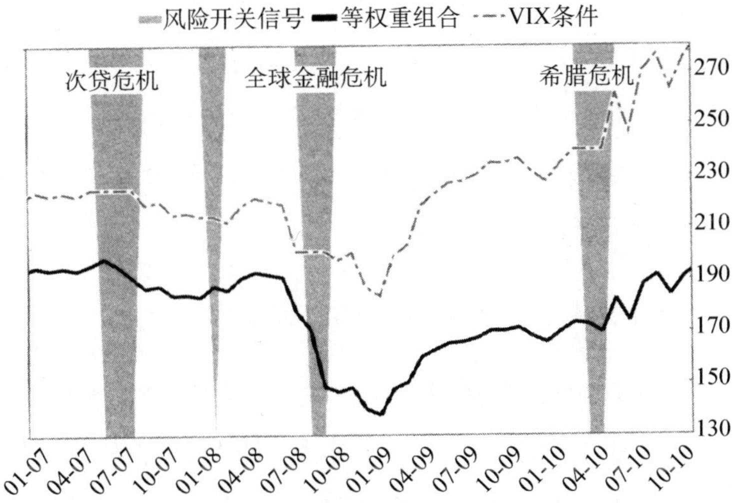

图 2—10　等权重利差交易篮子组合与叠加 VIX 风险开关信号的篮子组合（2007—2010 年）

以 VIX 为条件进行利差交易的想法可见于诸如比汉赛利(Bhansali)[①]，梅尔文和泰勒（Melvin and Taylor）[②]，以及最

---

① Bhansali，Vineer. Volatility and the Carry Trade. The Journal of Fixed lncome，3（Winter 2007）：72－84.

② Melvin，Michael and Mark P. Taylor. The Crisis in the Foreign Exchange Market. Journal of International Money and Finances，28（December 2009）：1317－1330.

近的德布克和福勒（De Bock and Filho）[①] 等人的专业研究中。是否还有其他指标可以帮助进行风险开关示警？答案是肯定的。例如，专业外汇交易员群体中流行的 TED 利差（前面讨论过），特定于货币的波动性指标如摩根大通全球外汇波动率指数，信用利差，以及收益率曲线斜率等。本书不会深入讨论这些指标有效性的细节；这需要在更高程度的书籍中进行完整讨论。

动量策略作为利差交易的对冲手段

动量策略就是指购买那些在过去产生了正收益的资产，同时卖出那些产生负收益的资产。作为一种“倒向胜利者一边”的投资策略，动量策略与趋势跟踪密切相关。众多学术研究已经发现，动量策略是利差交易一个很好的对冲手段，它不仅适用于外汇，也适用于其他高风险资产类别如股票和商品等。[②]

用谷歌搜索一下就会发现，有无数的方法可用来构建一个动量策略。简单来说，动量策略的成功依赖于在历史价格

① De Bock，Reinout and Irineu de Carvalho Filho. The Behavior of Currencies During Risk-Off Episode. IMF Paper，2013.

② 下列文献给出了这一研究领域的全面综述：Burnside，Craig，Mfutin Eichenbaum，and Sergio Rebelo. Carry Trade and Momentum in Currency Markets. Annual Review of Financial Economics，Annual Reviews，3 (1) (December 2011)：511－535。

的基础上未来价格走势的可预测性。这是一个相当大胆的假设，因为在每一项投资的免责声明条款中都提醒我们，策略的历史收益并不意味着未来会取得成功。不过，动量策略并不认同这一点。它认为，过去的表现往往能预示未来的表现。在动量策略所有可能的变化中，主要的区别在于如何从过去的价格走势中压缩或提取信息。例如，一个流行的动量策略是所谓的均线交叉系统：观察短期（例如，5 天）和长期（大约 200 天）移动均线；如果短期移动均线高于长期移动均线，就产生一个购买信号。

鉴于有大量的论文和书籍都在讨论动量交易，作为示例，在此仅讨论最简单的动量策略，也就是均线交叉策略。在每个月中，买入最近 3 个月收益率高于 1 年收益率的外币-美元配对，同时卖出近 3 个月收益率低于 1 年收益率的外币-美元配对。仔细考察这一策略可发现，2001 年 1 月—2013 年 6 月期间，这一动量组合的年化收益率达到 3.7%，波动率低于 6%，夏普比率为 0.64。更重要的是，这个简单的动量组合与前述两个分散化利差策略负相关：与等权重组合的相关系数是−0.23，与多 3/空 3 策略的相关系数是−0.29。考虑到相近的波动性和低度负相关，建立一个利差策略和动量策略的 50/50投资组合就是合理的。作为示例，此处只考虑了多空策略和动量策略的搭配。不出所料，所产生的 50/50 混合策略实现了更高的夏普比率1.08。表2—5总结了业绩统计信息。

表2—5　有/无动量对冲的利差交易与投资基准相比的投资绩效（2001年1月—2013年6月）

	多3/空3	仅动量	多3/空3加动量对冲	标准普尔500指数	外汇交易员指数
年化平均收益率（%）					
2001—2007	3.96	1.06	2.51	2.40	4.03
2008	−9.81	11.12	0.66	−45.45	2.48
2009	10.74	16.57	13.66	23.58	2.06
2010—2013	1.52	0.49	1.00	12.86	1.97
全部时段	2.79	3.73	3.26	2.81	3.25
年化收益率标准偏差（%）					
2001—2007	3.29	4.27	2.62	13.03	6.03
2008	6.09	10.99	3.94	20.99	1.93
2009	4.46	5.17	3.68	22.31	1.52
2010—2013	4.22	6.04	2.84	14.13	2.34
全部时段	4.01	5.79	3.01	15.67	4.61
夏普比率					
2001—2007	1.20	0.25	0.96	0.18	0.67
2008	−1.61	1.01	0.17	−2.17	1.29
2009	2.41	3.20	3.71	1.06	1.35
2010—2013	0.36	0.08	0.35	0.91	0.84
全部时段	0.70	0.64	1.08	0.18	0.71

资料来源：Bloomberg.

图2—11展示了动量策略作为利差交易良好对冲手段的更清晰的图景：尽管2008年全球金融危机期间利差策略遭受巨大损失，但动量策略相对表现良好，从而扭转了颓势。

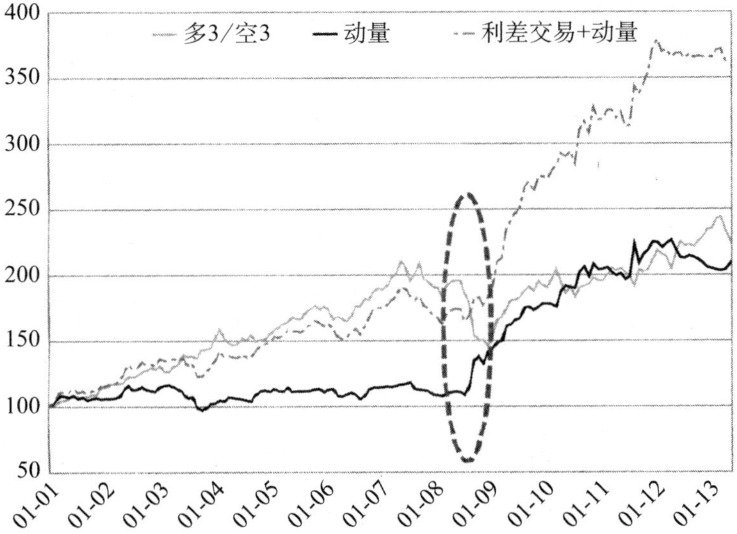

图 2—11　动量策略作为利差交易的对冲手段

结语

迟至 2014 年，在史无前例的低利率环境中，美联储一直发出低利率信号，其他主要经济体对此都是亦步亦趋*。对于渴望收益的投资者来说，利差交易仍是一项有吸引力的投资。本章讨论了如何通过分散化、VIX 过滤和利用动量策略

* 2016 年 12 月 16 日，美联储宣布加息 0.25 个百分点，为近 10 年来首次加息。——译者注

对冲，来提升和改进最简单的单一货币利差交易。

迄今为止仅提出了基于规则构建投资策略最基本的例子。有多种方法可以进一步改进投资结果，如采用额外的规则和过滤器，如使用利差交易风险比率（carry risk ratio）、购买力平价和收益率变化率等。[①]

在下一轮危机中，VIX过滤器能否真正帮到你，就像在过去那样？答案是无人知道。下一轮危机可能如此特别，前所未见，它可能改写经济学，也可能并非如此。人们有可能发现一种新亚原子粒子，导致物理学被改写，但这不应妨碍人们讲授标准模型*（standard model）并加以应用。来自历史和学术研究的多方面证据表明，VIX过滤器将继续发挥作用，而不是恰恰相反。可以肯定的是，市场在不断演进，规则和策略必须与之相适应。

① Ang，Andrew and Joseph S. Chen. Yield Curve Predictors of Foreign Exchange Returns. Working Paper，2010.

* 物理学中的标准模型是一套描述三种基本力（强力、弱力和电磁力，不含引力）以及组成所有物质的基本粒子的理论，该理论符合迄今为止的观测，但它并未描述引力。——译者注

第 3 章

基于规则的价值投资

新兴市场价值投资

价值投资通常是指选择单一股票进行投资的过程。投资者采用各种方法来确定和分析公司的真实“价值”，使用的因素包括：账面价值、市盈率和账面市值比率等。价值投资滥觞于法玛和法兰西（Fama and French）的研究[1]，已有无数

---

① Fama，Eugene F. and Kenneth R. French. Dividend Yields and Expected Stock Returns. Journal of Financial Economics，22（October 1988）：3－25.

的比率被推导出来帮助投资者筛选出最佳的股票来做多或做空。虽然价值投资通常不被认为是一个基于规则的系统，实情却并非如此：因为价值投资的准则和标准恰恰构成了一系列将平庸股票和价值股票区分开来的规则和过滤器。价值投资不会因公司有一位魅力超凡的CEO而投资，也不会因公司近来大获成功或人气爆棚而投资；价值投资抛开情感因素，专注于公司的经济基础。因为市面上关于股票价值投资的书籍和学术论文已经有很多了，我们就扩大价值投资的原理和框架，将其应用于分散化潜力越来越大的一类资产即新兴市场（emerging market，EM）。

过去十年里，新兴市场引起了人们的广泛兴趣，诸如“金砖国家”（BRICS，指巴西、俄罗斯、印度、中国和南非）之类的流行语变得无所不在。新兴市场，以其令G10国家艳羡不已的高经济增长率，似乎向世界各地的投资者承诺了异种风格的投资收益。精明的投资老手却有充分理由谨慎行事，因为很难区分炒作与现实。一种常见的陈词滥调是“投资你所知道的”，因为你只能在一定程度上了解一小部分公司，这种做法会断送你投资新兴市场的机会。毕竟，个人投资者在不懂葡萄牙语的情况下，如何才能真正理解巴西的经济？同时，虽然人们总体上对新兴市场是风险厌恶的，明智的投资者不会这样做，因为会牺牲分散化的利益。特别是2008年危机后，新兴市场的经济比G10更具恢复力，令全球分散化投资组合受益匪浅。

新兴市场的增长是一个人们容易识别出的持续回报来源。人口统计决定了一切：凡是人口高增长，自然资源丰富，劳动力成本低，生活质量提高的地方，都具经济增长的潜力。与此同时，除美国之外的大多数发达经济体都面临人口中产化（a gentrifying population）和出生率下降的问题，这种趋势未来会造成严重后果。与20世纪末不同，当前新兴市场国家处在一个截然不同的历史时点上。随着政治趋于稳定，那些几十年来潜力一直被埋没的经济体正在以惊人的速度现代化。随着中国、印度和巴西等国中产阶级数量的增长，不仅国内需求随着数百万新消费者购买第一辆汽车和家用电器而蓬勃发展，对于高效机构、清除腐败和改善基础设施的需求也在增长。正强化的良性循环导致GDP增长率和其他基本面指标都有令人惊喜的表现。

人口统计之外，现代技术也是刺激新兴市场增长的催化剂。通过互联网和更大程度的互联互通，信息传播民主化，创意的传播速度比以往任何时候都快。巴西乡村的一位农民可以使用带太阳能充电器的手机查看天气，并进行电子支付。印度的一个村民可以访问世界各地的小贷公司，开始创业。互联网提供了数百万个通道来访问全球图书馆和信息，只需点击一个按钮。社交媒体进一步将志同道合者联合起来，揭露公权力滥用，组织抗议和示威。边界越来越过时，人才不问出处，都可以在公平的竞技场中上升至应有的位置。在新兴市场，人口数量越来越大，人民生活质量日益提高，获得教育和免费信息的机会多于以往任何时候。值得注意的是，舞台已搭好，世界已经准备迎接大量人类才能的绽放，这是历史上无与伦比的一幕，只有真正的全球投资组合有望捕捉到这种收益。

哪里有机会，哪里就几乎肯定有危险，新兴市场也不例外。新兴市场的收益率有着比发达市场更大的偏度和峰度。这意味着，当危机发生并且市场掉头向下时，对于新兴市场而言表现方式特别剧烈。另一方面，在危机之后，新兴市场的恢复力比 G10 经济体更强。对于那些资历尚浅、成熟度不足的主权政府而言，以下情形只是危险的一部分。政治风向易变。经济增长并不能防止骚乱出现，因为民众已被巨大的不平等断层线所撕裂。对于挣扎着活下去的人们，渐进变革可能来得不够快。国家对行业实施国有化、对外债违约，这在历史上有大量例子。此外，投资新兴市场的一个重大挑战就是，每个国家都有独特和复杂的性格、文化和历史叙事。

我们如何过滤汪洋大海般的信息，决定是否对一个国家进行投资？更复杂的是，一些新兴市场国家往往缺乏可靠的最新信息。全面分析一个国家对任何个人投资者都是一项艰巨的任务，分析一篮子国家更是近乎不可能。对于真正的全球分散化投资而言，获取专门知识和无止境的地缘政治研究并非有效方法。我们需要一个规则框架来实现决策过程自动化，并将两方面的信息纳入考虑：一个国家的“基本面”历史信息，以及信用违约互换市场所反映出的不确定性水平。

在可观和稳定的投资收益之外，新兴市场投资还出于更大的目标，那就是该资产类别可为任何投资组合带来分散化。有着独特和迥异的经济发展轨迹的新兴市场国家与 G10 经济体相关性很小，它们彼此之间也几乎没有相关性。在重大危机期间，所有风险资产都高度相关，新兴市场也不例外，尽管危机之后它们恢复得更快。大量障碍的存在，使得新兴市场国家对分析师来说不透明，但是这些障碍也形成一种独特和有力的分散化来源。对于分散化的价值强调再高也不为过，因为科学真相就是分散化是有利可图的稳定投资的基础。新兴市场已经从小众前沿投资转变为日益重要的资产类别，对投资组合的分散化和盈利能力至关重要。我们现在如何从对新兴市场的强烈兴趣转向实际投资呢？许多人默认当地证券交易所是一个明智的出发点，但是必须指出，历史上债券和货币才是更好的选择。在本章中，你将对基本面的宏观经济数据应用基本的“价值”分析，这揭示出新兴市场投资主要是关于“国家价值”的投资。

“价值”投资风格非常适合新兴市场的独特特征。对新兴市场国家来说，货币干预通常更频繁；当干预发生时，市场突然作出反应。有些策略只依赖于成功的历史价格模式。在上一章中，你了解了动量策略，它依赖于将历史数据作为未来成功的信号。动量在这里应用有限，因为它没有考虑到货币干预对市场价格的影响。另一个担心是流动性在新兴市场可能受到限制。当流动性受限时，每个交易者都对此心知肚明，屏幕上的价格变得不可靠，买卖价差扩大，头寸退出成本很高。出于这些原因，纯粹基于技术指标的策略不适合新兴市场投资。

货币和硬通货计价主权债券（hard currency denominated sovereign bonds）是新兴市场上流动性良好的两种工具，对其投资我们不使用历史价格数据，而是使用基于宏观经济基本面的简单规则。本章的分析着眼于每个国家经济增长率、通货膨胀率、债务水平和利率，以选出最佳利差交易和信用投资标的。该策略将经济指标的后视性信息作为一个基本过滤器，以帮助确定投资于哪些国家。作为历史数据的补充，借助前瞻性指标来改进基本面策略，方式是考虑信用违约互换市场所传递出的情绪。于是纳入考虑的分析因素既涵盖了基本面数据，也包括对每个国家偿债能力的实时市场预期。

信用违约互换可以简单地看作债券持有人的一份保单。假设投资者持有一个新兴市场国家债券的广泛组合，这些债券流动性很差，收益率为 6%，并且可能伴有政治事件发生，例如大选导致暂时的不确定性。与其到时清算投资组合产生不菲代价，不如购买一年期或两年期的保护更有效。为了更放心，投资者愿意购买保护，通过支付 2%的保险费，未来一年或两年内出现违约事件时可保障本金安全——这意味着信用违约互换的保险费，通常称作“价差”，可用作特定信用市场的实时风险指标。①

值得注意的是，自 2007/2008 年次贷危机和 2010 年欧洲/希腊危机以来，信用违约互换已经声名狼藉了。信用违约掉期是合同，这些合同中关于什么构成/不构成“违约”的小字表述，即使公司律师也难以理解，更不用说个人投资者了。例如，2008 年贝尔斯登的崩盘没有触发“信用事件”，因为他们的债券继续由 J. P. 摩根承诺兑付。当雷曼兄弟几个月后倒下时，却引发信用事件，本金回收率（recovery of principal）很低（约 7%）。AIG 在 2008 年末也处于危机状态，确实触发了信用事件；但由于美国政府的干预，本金回收率很高。随意

① 对于 CDS 最新应用的一个极好的描述，见 Tuchnan and Serraf. Fixed Income Securities Tools for Today's Markets，2011，Chapter 19（参考文献中列出了这本书）。

性因素严重影响了这些结果，使得系统投资变得复杂化。

假设你持有一个涉及这三个合同的 CDS 篮子，将会有三个不同的结果。在危机事件之后这些不一致的结果制造了太多未知数，出于这个原因和其他原因，我们不推荐个人投资 CDS 市场。认识到 CDS 市场与债券市场一样能对基本面作出反应即可，而且对于新兴国家来说，CDS 市场的反应速度常常快于债券市场。使用 CDS 市场价格传递出的信息，可打造一个权威的市场晴雨表，用于实时监控特定国家的信用状况。

新兴市场外汇价值投资

在股票投资之外，对于外汇和债券之类的投资，“价值投资”不再有直接的定义。例如，债券的真实价值，就字面上看是指未来真正的债券收益率，或者说债券收益率减去通货膨胀率。这一价值当然取决于债券的信用风险和通货膨胀率。对于外汇交易，价值往往意味着按购买力平价给出的“公允价值”（fair value）。[①] “价值投资”在这里是指对于新兴市场

① 简单来说，购买力平价汇率（purchasing power parity rate，PPP rate）等于在两个国家采购相同商品或服务所需货币的兑换率。例如，《经济学家》杂志发布的巨无霸指数（the Big Mac Index）就是假设麦当劳巨无霸汉堡在每个国家所需花费相等时的隐含汇率。

国家套用股票上的价值投资，只不过股票价值投资是选取从基本面来看价值被低估的公司，而在这里，你使用规则来选择从基本面来看有最大货币升值潜力和债券收益潜力的国家。在下一节我们来看如何创建和使用这些过滤器。

投资者转向新兴经济体是由于其高增长。但是，如何投资于这种高增长才是最重要的。传统智慧告诉我们应该投资于股票市场。美国的政客们在炫耀经济成绩时，从不提汇率和债券市场，而是会提到道琼斯工业平均（Dow Jones Industrial Average）指数收盘点位是多少。在发达市场上，企业盈利应与经济同步增长，这是事实。但新兴市场又是另一个故事——经济高速增长不一定伴随着强劲的国内股市表现。目前没有任何统计证据表明，新兴经济体的股票收益率与其国内生产总值增长率有任何相关性。亨利和卡曼（Henry and Kanmann）分析了 30 年的数据后得出结论说："不仅股票收益率与经济增长率的相关性在统计上不显著，相关关系的方向甚至是反的。"[①] 有较弱的证据表明相反的相关性可能是真实的。[②]

---

① 亨利和卡曼（Henry and Kanmann，2008）的研究涵盖了来自阿根廷、巴西、智利、中国、哥伦比亚、印度、印度尼西亚、约旦、韩国、马来西亚、墨西哥、尼日利亚、巴基斯坦、菲律宾、南非、泰国、土耳其、委内瑞拉和津巴布韦的数据。他们将股票收益率与经济增长率做了回归，得出的系数为－0.62，t 统计量为 0.7。

② 里特（Ritter）所做的另一项分析考察了 1900 年至 2011 年间 19 个主要国家的情况，显示相关系数为－0.39。

对于这一反直觉的结果，一个可能的解释是，股票回报是由每股收益增长率决定的，而不是由整个经济范围的企业盈利增长率所决定。

货币升值与经济增长密切相关，是一个极佳的替代投资选择：随着一国经济出现增长，吸引大量资本流入，图 3—1 显示了 2001—2010 年期间 31 个新兴国家货币升值与 GDP 增长率的相关性。① 新兴市场 GDP 增长率与货币升值之间的相关性平均为 21%，而与新兴市场股票指数的相关性是－6%。通过新兴市场货币投资于新兴市场的经济增长之所以受到青睐，也得益于外汇较高的流动性。2010 年国际清算银行“三年一度的中央银行调查”显示新兴市场货币成交量迅速增长，日均交易量 8 790 亿美元，2001－2010 年期间增长了 210%。离岸交易（offshore trading），即外汇在货币本国之外的交易，增长特别快，如中国人民币每天在新加坡成交约 220 亿，印度卢比成交 170 亿。

一段时间以来，学术研究记录了新兴市场货币利差交易的正收益率。② 人们观察到，虽然宏观经济/基本面变量有助

---

① 数据由 Credit Suisse 慷慨提供。

② 最近的研究如下（仅列举一部分）：Bansal and Dahlquist（2000），Frankel and Poonawala（2006），Burnside，Eichenbaum and Rebelo（2007），de Zwart，Markwat，Swinkels and van Dijk（2008），Ranaldo and Soderlind（2010），LusHg，Rousov and Verdelhan（2011）。

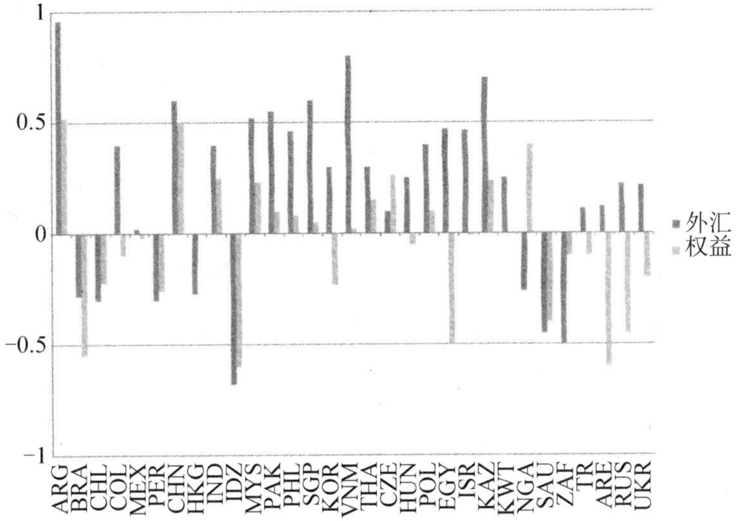

图 3—1　CDP 增长率与货币升值及权益指数之间的相关系数

资料来源：Bloomberg，Credit Suisse，DataStream，IMF.

于预测长期汇率，但汇率的短期变动可更好地由技术规则所预测。在为新兴市场外汇投资制定投资规则时，第一步是基于经济基本面构建“价值”过滤器。作为历史数据的有益补充，将吸收来自信用违约互换市场的前瞻性信息，以进一步加强投资成果。

新兴市场外汇投资的投资规则

构建和实施新兴市场外汇投资的基于规则的投资策略是接下来的任务。出于这个目的，我们选择了 10 个国家/地区的货币构建美元配对：巴西、匈牙利、印度尼西亚、马来西亚、墨西哥、波兰、俄罗斯、南非、泰国和土耳其。若流动性改善和经济状况好转，投资者也可以考虑其他新兴市场货币，如智利、中国大陆、捷克共和国、印度、科威特、尼日利亚、菲律宾、沙特阿拉伯、新加坡、韩国和中国台湾，从而有可能构建出一个更广泛的投资组合并收获分散化投资的利益。

类似于第2章“基于规则的利差投资”中的做法，月度操作规则是通过1月期外汇远期（currency forwards）每月买入固定美元价值的新兴市场国家的货币。每种货币的收益是即期汇率的升值加上新兴市场货币与美元之间的利差。由于资本管制和可兑换的问题，许多新兴市场货币没有远期交易市场。或者，只存在仅限于境内投资者参与的可交易远期市场，诸如巴西、印度尼西亚、马来西亚和泰国都是很好的例子。对于这些货币，无本金交割远期（nondeliverable forward，NDF）市场已经发展起来，可在离岸市场进行交易。本金交割远期和NDF之间的主要区别是，NDF以现金结算，不要求实物交割。

选定的投资范围中的新兴市场货币的收益率特性列示于表3—1。2001年1月—2013年6月，新兴市场货币平均收益率接近G10货币收益率的2倍。对此不应过于吃惊，因为相比于G10货币收益率，新兴市场货币收益率有着负偏度和

表 3—1 新兴市场单一货币对美元利差交易的绩效统计（2001 年 1 月—2013 年 6 月）

	BRL	HUF	IDR	MXN	MYR	PLZ	RUB	THB	TBY	ZAR	新兴市场平均	G10 平均
年化平均收益率（%）	10.82	8.72	9.01	3.19	1.96	6.70	4.55	4.82	12.43	6.17	6.84	3.50
收益率年化标准偏差（%）	18.09	15.48	12.42	10.24	6.43	14.77	9.67	5.83	18.25	17.96	12.91	11.30
月度收益率偏度	−0.77	−0.97	1.31	−1.18	−0.38	−0.80	−1.60	−0.16	−1.37	−0.43	−0.63	−0.34
月度收益率峰度	2.94	2.57	9.35	5.28	2.03	1.58	8.78	0.47	8.11	0.14	4.12	1.36
最大单月损失（%）	−19.45	−17.67	−12.99	−14.38	−6.85	−14.41	−14.63	−4.36	−29.50	−14.67	−14.89	−11.20
夏普比率	2.07	1.95	2.51	1.08	1.06	1.57	1.63	2.87	2.36	1.19	1.83	0.31

资料来源：Bloomberg.

更大峰度。这意味着，相比于 G10 货币，新兴市场货币出现负收益和收益极端变动的频率更高。新兴市场货币比 G10 货币更有利可图，但是前者波动性更大，不过夏普比率表明收益超过了额外的风险。图 3—2 显示了新兴市场货币和 G10 货币利差交易的风险调整累积收益率。G10 货币收益率的夏普比率为 0.31；新兴市场货币为 1.83，从风险调整收益的角度而言这是一项上佳的投资。

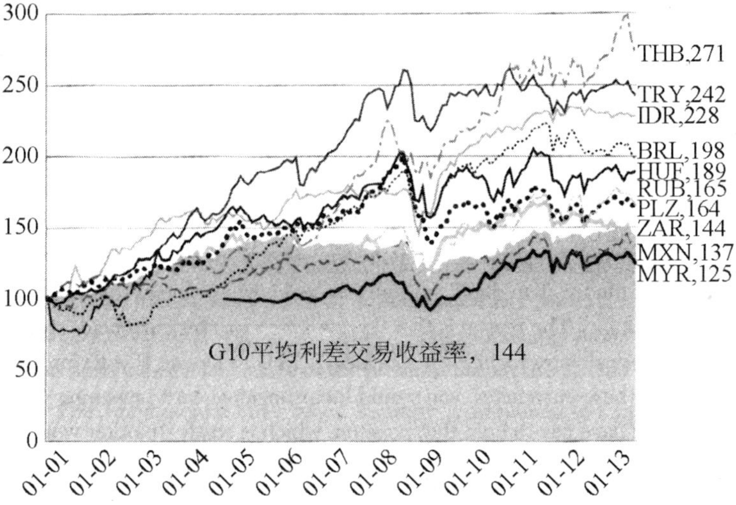

图 3—2　利差交易的风险调整累积收益率（波动率＝10%）

➤ 基本面规则

有多种方式可以确定货币的内在价值（intrinsic value），

其范围从《经济学家》杂志每月发布的简单的“巨无霸”指数（它使用一个变量，即世界各国的麦当劳“巨无霸”汉堡的价格）到使用多个变量的复杂计量经济模型，变量可以是一个国家的经济增长率、通货膨胀率、外汇储备、经济开放度，以及银行体系的健康程度等。本章这一部分着眼于一个经济体的三个关键宏观经济变量：经济增长率、通货膨胀率和短期利率水平。我们不去建立统计模型，而是采用一个基础的排名系统。

对每个国家基于GDP增长率、通货膨胀率和短期利率进行排名（再度选取巴西、匈牙利、印度尼西亚、马来西亚、墨西哥、波兰，俄罗斯、南非、泰国和土耳其等国）。高GDP增长率是可取的，因为强大的经济产生强劲的货币。通货膨胀肯定是一个严重问题，因为它降低了货币的价值。高通货膨胀构成一个严重警告，常常意味着社会动荡不远了。短期利率越高越好，因为这是“利差”回报的来源。如果短期利率过低，则潜在利润很少。每个月，你可以通过GDP增长率、通货膨胀率和短期利率来对新兴市场国家进行排名，并且只买入名单“上半部分”国家货币。不要做空或卖出名单底部国家货币，因为这里研究的新兴市场货币利率都比美元高，如果做空这些货币会形成负利差交易（negative carry），这意味着你要对持有的头寸付钱，成本高昂。换句话说，卖空的预期回报率必须高于利差收益才能盈利。

若想自由地做多和做空风险溢价，需要更为复杂的规则。本书的投资理念是，如果市场处于焦虑状态，没有明智的风险可供承担，最好关闭交易并将你的资本存入货币市场。同时做多和做空利差交易虽然盈利前景诱人，不过要记住，这样做类似于在保险公司和保险保单持有人之间进行切换。对于保险公司而言，长期内收到的保费必须超过所覆盖的风险才能确保长期盈利。对于保险单持有人而言，在绝大多数情况下付费超过所获赔付，除非有危机出现。然而，危机事件出现的情况相对较少，甚至少之又少；做空利差（going short carry）以期在危机中实现大额利润通常是一种失败策略，就像向其他人支付保费一样。

不要把买卖保险视为对等的交易，因为它们并不对等；市场上存在对保险公司/卖家有利的偏差。市场上对保护的自然需求决定了从长期来看保护的平均价格必须超过实际损失风险。故更好的策略是扮演保险公司的角色，而在市场不稳定时期不承担风险，置身场外。

对新兴市场国家排名所用到的基本面指标是一些后视性的信息，这是因为 GDP 增长率和通货膨胀率数据无法实时获得。这些经济数据在向公众披露时往往有一定的时滞，并且经常在随后几个月中进行修正。因此，为了保守起见，使用6个月前的GDP增长率和通货膨胀率数据来确定当期的投资。对于短期利率，使用上个月的利率数值。

基于基本面规则的策略通过如下排序来实现：每个月份，你可以根据GDP增长率、通货膨胀率和短期利率将全部10个新兴市场国家归入3个名单。通过1月期远期买入并持有排名前5的国家/地区的货币（对美元）。月初在每种货币上投入的美元都相等。这些策略分别被称为GDP增长率策略、通货膨胀率策略和利率策略。这意味着你购买并持有GDP增长率最高的5个国家、通货膨胀率最低的5个国家和短期利率最高的5个国家的货币。投资者当然受制于不同的交易成本，所以我们保守假设每年1.2%的成本（每月10个基点）来维持每个策略运转。

使用2001年1月—2013年6月数据，基于排名的三项基本面策略的投资成果记录在表3—2中。所有三项基本面策略都优于等权重的简单的买入持有组合。短期利率策略的年均收益率为9.3%，超过等权重组合3%。然而，短期利率策略的收益率也有着11%的最高波动率，比简单的等权重组合高1.7%。三项策略的风险调整收益是类似的，为0.8～0.86。

表 3—2　新兴市场货币投资的基本面排序策略的绩效统计（2001 年 1 月—2013 年 6 月）

	平均年化收益率（%）				收益率年化标准偏差（%）				夏普比率			
	等权重组合	GDP	通货膨胀率	短期利率	等权重组合	GDP	通货膨胀率	短期利率	等权重组合	GDP	通货膨胀率	短期利率
2001—2007	9.07	10.18	15.17	13.89	6.54	7.43	8.02	8.45	1.39	1.37	1.89	1.64
2008	−10.60	−7.30	−11.50	−8.81	14.37	13.03	16.34	17.40	−0.74	−0.56	−0.70	−0.51
2009	16.24	20.94	21.32	25.15	12.32	13.19	12.22	12.81	1.32	1.59	1.75	1.96
2010—2013	−2.52	−0.64	−3.83	−3.01	10.37	9.28	11.74	11.92	−0.24	−0.07	−0.33	−0.25
全部时段	5.78	7.48	9.17	9.34	9.25	9.34	10.61	11.03	0.62	0.80	0.86	0.85

资料来源：Bloomberg，DataStream，IMF.

三项基本面策略可以组合在一起，方式是将三项宏观排名进行平均。像以前一样，每月只买入如下的货币：其组合宏观信号排名前5位。投资成果报告见表3—3。基于排名的宏观策略2001—2013年期间实现了10%的净年化收益率，超过简单的等权重新兴市场货币组合。这一策略大大优于标准普尔500指数，其同期年化收益率为2.8%。在风险方面，宏观策略的总体波动性略高于前面讨论的等权重组合，但回报超过额外承受的风险。基于排名的宏观策略达到1.0的夏普比率，优于等权重新兴市场货币组合和标准普尔500指数。

表3—3　新兴市场货币投资组合基本面排序策略的绩效统计（2001年1月—2013年6月）

	平均年化收益率（%）		收益率年化标准偏差（%）		夏普比率	
	10种货币等权重组合	宏观策略	10种货币等权重组合	宏观策略	10种货币等权重组合	宏观策略
2001—2007	9.07	14.72	6.54	8.08	1.39	1.82
2008	−10.60	−10.99	14.37	16.10	−0.74	−0.68
2009	16.24	28.30	12.32	13.70	1.32	2.07
2010—2013	−2.52	−0.04	7.84	10.40	−0.24	0.00
全部时段	5.78	10.00	9.25	10.39	0.62	0.96

资料来源：Bloomberg，DataStream，IMF.

许多专业投资者使用基本面模型更为复杂的版本来确定汇率的公允价值。有兴趣改进基本面策略的读者可以考察其他宏观经济变量。也可以不局限于做多，即同时做多和做空，从而将策略扩展为美元中性，例如，根据排名情况做多排名前 5 位的货币，同时做空排名后 5 位的货币，但要注意负利差成本。在构建投资组合时，不对每个国家平等加权（这意味着每个国家被分配到相等数量的资金），最好采用波动率倒数加权（inverse volatility weighting）来进一步提高夏普比率。使用波动率倒数加权时，一个国家的波动率越低，其得到的资本配置越大；波动性越高，其得到的资本配置越低。这一过程的结果是降低了最终和数（final sum）的方差。

让我们回顾一下迄今为止的基于规则的新兴市场投资组合：它聚焦于货币，从简单情况即一个朴素的等权重组合出发，发展出了三个更复杂的基于宏观经济变量——GDP 增长率、通货膨胀率和短期利率——排名的策略，最后将这三个策略组合成为一个单一的宏观基本面策略，它能够产生更大的回报，同时具有优越的夏普比率。请勿对这个策略感到心满意足，因为它所使用的数据是 6 个月前的信息，而世界变化很快。我们在向后看的同时，还需要展望未来，即通过 CDS 价格观察市场情绪。

技术规则：叠加使用 CDS 价差作为市场信号

前面的章节描述了 VIX 广泛用作“恐惧晴雨表”，可以从中读出市场对即将到来的危机的预期。在本章中，我们考察与投资于个别新兴市场国家尤其相关的另一项风险指标：主权信用违约互换（Sovereign Credit Default Swap，SCDS，简单来说，SCDS就是一个主权国家的信用违约互换，以下CDS和SCDS互换使用）。如前所述，SCDS提供一种针对一个国家发行的主权债券信用风险的保护——这是一种针对债券持有人所担心的违约的保险。一般而言，做市商是所谓的“卖方”，他们是CDS的主要买卖机构，使用CDS来对冲投资组合和流动性不足的风险。对冲基金和共同基金即所谓的“买方”。他们利用CDS空头头寸来获得信用风险多头，主要是出于优厚的融资条件（类似于用保证金交易买入债券）。他们也使用CDS多头头寸来避免做空债券的麻烦。通常买入500万美元的债券需要500万美元，然而通过CDS可以获得想要的债券信用风险暴露，却无须为购买债券提供资金。另一方面，做空债券之前需要首先通过一项回购协议（repurchase agreement，即所谓的repo）来借到债券。对于某些债券回购可能很贵。

从SCDS价差中可以读出市场对一国信用状况的预期。它可直接纳入投资策略：如果一个国家的CDS价差在上个月急剧恶化，你就应回避在这个月投资该国货币。作为示例，CDS价差增长超过20%被定义为“急剧恶化”（这是一个任意取定的数值，并非从数据挖掘中得来，仅用于说明目的)。例如，2013 年 6 月你将避免对巴西和南非投资，因为这两个国家的 CDS 价差从 4 月底至 5 月底飙升超过 20%。2008 年 11 月，你将回避对所有 10 种新兴市场货币进行投资，因为对于这里考虑的全部 10 个国家，其 CDS 价差已经扩大超过 20%。图 3—3 显示了 2008 年金融危机期间新兴市场国家的 SCDS 利差的急剧扩大。

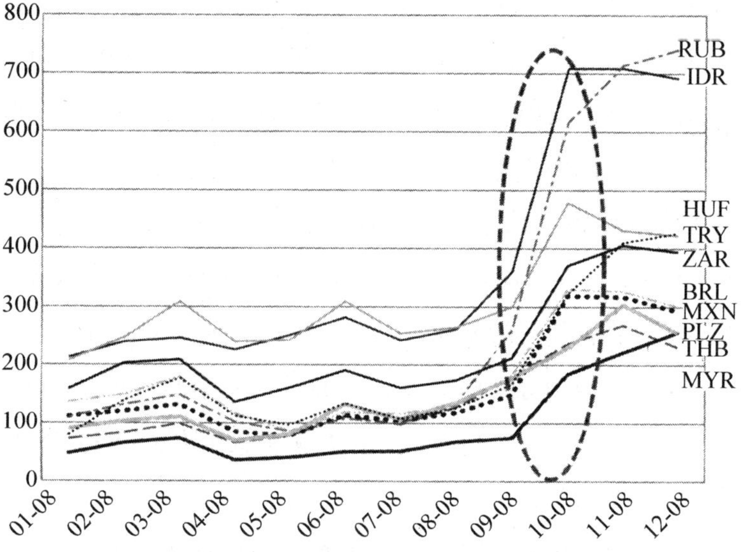

图 3—3　2008 年 SCDS 价差走势

总之，SCDS 价差可用作个别新兴市场国家的风险指标，而 VIX 可用作全球金融市场的一般风险指标。不要使用单一的晴雨表，重要的是要认识到每个国家都会面临自己的政治/金融危机。然而当所有国家的 CDS 价差都大幅上升时，信用市场就传出一个强有力的信号——预期全球市场将会恶化。

表 3—4 报告了将 SCDS 价差过滤器应用于新兴市场货币投资的结果。与等权重投资组合相比，CDS 过滤器规则实现了更高的回报（每年 9.8%），与基本面/宏观策略相当。它还降低了总体波动性，这一点给人以深刻印象。值得注意的是，最大单月损失远低于宏观策略（7%对 12.2%）。在 2008 年，与等权重投资组合相比，宏观/基本面过滤器无法降低波动性或最大单月损失，但是借助 CDS 过滤器能将最大单月损失减半，同时还实现了 1.24 的整体夏普比率。

表 3—4　新兴市场货币投资的 CDS 滤波策略的绩效统计（2001 年 1 月—2013 年 6 月）

	平均年化收益率（%）		收益率年化标准偏差（%）		夏普比率	
	10 种货币等权重组合	CDS 滤波器	10 种货币等权重组合	CDS 滤波器	10 种货币等权重组合	CDS 滤波器
2001—2007	9.07	11.77	6.54	6.17	1.39	1.91
2008	−10.60	1.08	14.37	9.42	−0.74	0.11
2009	16.24	17.72	12.32	12.19	1.32	1.45
2010—2013	−2.52	5.13	7.84	8.58	−0.32	0.60
全部时段	5.78	9.76	9.34	7.86	0.62	1.24

资料来源：Bloomberg，DataStream，IMF.

到目前为止，我们已经建立了两个单独的策略：宏观/基本面排名策略和风险指标过滤策略。使用简单的宏观/基本面排名表比单纯购买并持有一篮子国家货币产生更好的结果。CDS过滤器利用从实时市场情绪中导出的前瞻性信息来作为这种策略的补充。

我们逐一评估前瞻性规则和基本面规则的投资成效，结果表明前瞻性CDS过滤器产生的风险调整收益优于基本面排序。单独使用CDS过滤器，可产生比简单策略和宏观排名策略更为明智的投资回报。CDS过滤器与宏观排名策略相比，两者收益率类似，但是CDS过滤器的夏普比率更优异。如前所述，通过将后视性和前瞻性策略组合成一个整体，可以实现最优结果。

组合基本面规则和风险指标

现在让我们将基于宏观经济的排名系统与SCDS价差过滤器结合起来。组合策略以直截了当的方式实施：每个月，你从宏观/基本面排名系统中选择前五个国家。如果这五个国家的CDS利差在过去一个月上涨超过20%，这个月你就不再投资其货币，资金重新分配给其余的货币。如果没有一个国家通过CDS过滤器，那个月你就将资金分配给美国货币市场。

如表 3—5 所示，2001 年 1 月—2013 年 6 月这一组合了宏观/技术规则的新兴市场货币投资策略实现了 14.3%的年化收益率（已扣除交易成本）。它优于简单的等权重的新兴市场货币组合、基于规则的宏观策略，以及单独的 CDS 策略，无论是总收益率还是风险调整收益率都是如此。它的夏普比率为 1.57，为等权重组合（0.62）的两倍多。

表 3—5　新兴市场货币投资的基本面与 CDS 滤波组合策略的绩效统计（2001 年 1 月—2013 年 6 月）

	平均年化收益率（%）		收益率年化标准偏差（%）		夏普比率	
	10 种货币等权重组合	组合规则	10 种货币等权重组合	组合规则	10 种货币等权重组合	组合规则
2001—2007	9.07	18.76	6.54	7.05	1.39	2.66
2008	−10.60	4.58	14.37	10.32	−0.74	0.44
2009	16.24	28.52	12.32	13.66	1.32	2.09
2010—2013	−2.52	3.35	7.84	9.88	−0.32	0.34
全部时段	5.78	14.30	9.34	9.10	0.62	1.57

资料来源：Bloomberg，DataStream，IMF.

让我们暂停并思考一下这些结果的隐含意义。到目前为止，我们的投资策略就是采用一个简单的排名表——这是任何一个经济学本科生都能够构建的，并与 CDS 价差的过滤能力相结合。值得注意的是，这样一种基础练习就可以实现投资成果的如此改进。2001 年 1 月—2013 年 6 月标准普尔 500

指数年化收益率为 2.8%，组合策略产生 14.3%的收益，同时夏普比率由 0.18 升至 1.57。这项规则并非人为选出以制造欺骗性的高收益；事实上简单原则具有深远的影响。图 3—4 显示了基于规则的策略与简单的等权重投资组合，以及标准普尔 500 指数相比的风险调整累积收益率。

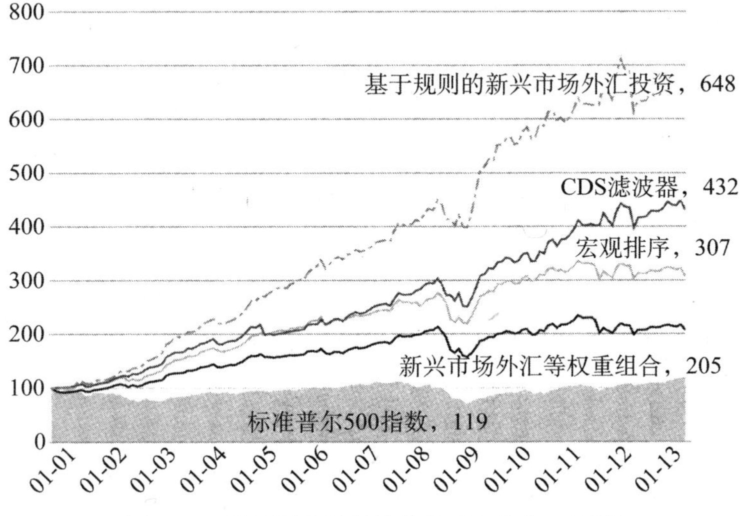

图 3—4 风险调整累积收益率（波动率＝10%）

为了投资新兴市场，与其经年累月获得专业知识，不如使用一个规则框架更有效率。与随机选择新兴市场国家相反，你构建表格，按宏观经济基本面对国家进行排名并选出最好的国家。如果我们必须从几十个球员中选出一支篮球队，直觉上来看，根据球员的统计数据进行排名然后选择前五名球员，而不是随机挑选队员，将产生更好的结果。谁会押注球员为随机选出的球队会打败球员为按排名选出的球队呢?

然后，你可以通过在投资前检查实时的市场情绪进一步改善投资成果。基本面排名策略依赖于6个月前的数据；然而CDS价格实时反映了目前市场对“信用保险”收取的费用。一个国家可能拥有良好的经济基本面，但如果该国CDS利差在扩大，就意味着某种导致“保险费率”上升的情况正在出现。这个月回避交易更安全。

令人非常兴奋的是，这个例子只是最简单的示教模型。虽然14.3%的收益率已经很高，但仍有巨大的改进潜力。

新兴市场主权债券的价值投资

一个分散化的新兴市场投资组合必须由多于一种的货币构成。在新兴市场货币上的尝试产生了这样一个策略：收益率为14.3%，夏普比率为1.6。现在我们在美元计价的新兴市场债券上考察和构建类似的规则。

新兴市场国家发行的债券有两种类型：以本地货币计价和以硬通货计价。虽然这两种类型的债务都受到特定主权信用风险的影响，但是对于美元投资者而言，本地货币计价债务的收益率还要受到额外货币风险的影响，并且本质上波动性更大。例如，巴西发行的债券可以巴西雷亚尔或美元计价。如果雷亚尔对美元升值，那么美元投资者的收益率是债券收益率加上货币收益。汇率以外，影响本地货币计价债券的还有其他风险因素，例如本地利率。也有不同司法管辖区的法律风险，即本地债券受本地法律管辖，而硬通货计价的债券受国际法管辖。本章仅考虑投资于硬通货计价的债券。

与个股选择类似，有大量学术文献致力于研究国家的信用风险和债券收益率。根据莱因哈特和罗戈夫（Reinhart and Rogoff）的研究，有 5 个因素决定一个国家是否处于危机状态并将违约：国外和国内政府债务的数量、通货膨胀恶化程度、货币崩溃和银行危机。[①] 白、班多帕德亚亚和杜（Baek，Bandopadhyaya and Du）的研究发现，特定的宏观经济变量如通货膨胀率、GDP 增长率、外汇储备、实际汇率等对危机有重大影响。[②] 他们还研究了从股票收益率和波动率推导出的一个风险偏好（risk appetite）指数的影响。作个总结，衡量一国债务履约能力的因素，如经济增长率、债务/GDP 比率、通货膨胀率、外汇储备、经常账户、实际汇率等，也是影响新兴市场债券收益的显著风险因素。

---

① Reinhart，Carmen and Kenneth Rogoff. This Time Is Different：Eight Centuries of Financial Folly. Brew Herset：Princeton University Press，2008.

② Baek，In-Mee，Arindam Bandopadhyaya，and Chan Du. Determinants of Market-Assessed Sovereign Risk：Economic Fundamentals or Market Risk Appetite? Journal of International Money and Finance，24（June 2005）：533－548.

同之前针对新兴市场货币所建立的策略规则一样，我们不考虑为新兴市场债券收益率建立和估计多因素统计模型，我们用一个简单的排名策略来确定哪个国家的债券值得投资，首先考虑宏观/基本面排名，然后用 SCDS 价差滤波器补充前瞻性信息。

为了便于比较，假设债券的投资规则与外汇的投资规则相同。按月进行投资，每个月根据宏观经济条件通过简单排名系统选择排名前五位的国家，并投资于该国硬通货计价的政府债务。平均而言，新兴市场债券的交易成本高于新兴市场货币。让我们假设，每年维持这个策略的成本为 3.6%，是外汇策略假定成本的 3 倍。与新兴市场外汇投资缺乏明显的投资基准相反，J. P. 摩根的新兴市场债券指数（Emerging Market Bond Index，EMBI）是硬通货计价债券的首选投资基准。可以通过不同的形式（如总收益互换、ETF 等）投资于基准指数，这样做成本更低。这里假设基准 EMBI 的交易成本为每年 1%。

基本面规则

硬通货计价的新兴市场债券的基本面投资策略与新兴市场货币类似。使用一个简化的排名系统基于三个宏观经济变量来为各个国家的债务履约能力进行排名：GDP 增长率、债务/GDP 比率和通货膨胀率。这里选取的变量与新兴市场货币投资的变量略有不同。注意用债务/GDP 比率代替了短期利率。由于持有债券涉及承担信用风险，债务/GDP 比率的影响尤为重要。在向某人贷款之前，你必须确定其偿还能力，而且与其收入一样重要，你也需要考虑他目前的未偿还债务。与货币上所使用的基本面规则类似，这些宏观经济数据存在延迟，且经常需要修正。为保守起见，使用 6 个月前的数据来确定当期排名。表 3—6 说明了这三个宏观经济变量的有效性：与等权重的新兴市场债券投资组合相比，债务/GDP 比率有助于提高收益率；通货膨胀率有助于降低波动性，但总收益率较低；GDP 增长率和债务/GDP 比率有助于提高风险调整收益（即夏普比率）。

综合考虑三个基本面变量的影响，方式是简单的排名平均，可以显著改进投资成果的风险方面。表 3—7 显示了如下的投资成果：年化收益率为 6.4%，略高于 10 个国家的等权重组合，但低于宽基* 的新兴市场债券指数。然而，波动性却比等权重组合和基准指数都低。2008 年的最大单月损失在—10%的标志线以内，相比之下，新兴市场债券指数的最大

---

* 所谓宽基指数（broad-based Index）指的是构成指数的证券覆盖面广、具有较大代表性的指数，如常见的大盘指数等。与之相对的是窄基指数（narrow-based index），如行业性指数、主题类指数等。——译者注

表3—6 新兴市场硬通货计价债券投资的基本面排序策略的绩效统计（2002年1月—2013年6月）

	平均年化收益率（%）				收益率年化标准偏差（%）				夏普比率			
	等权重组合	GDP	债务/GDP比率	通货膨胀率	等权重组合	GDP	债务/GDP比率	通货膨胀率	等权重组合	GDP	债务/GDP比率	通货膨胀率
2002—2007	5.61	6.54	6.23	3.68	10.07	9.40	10.51	7.52	0.56	0.70	0.59	0.49
2008	−5.93	−1.46	−5.62	−4.99	18.60	17.49	21.02	15.55	−0.32	−0.08	−0.27	−0.32
2009	16.61	14.06	17.55	15.67	6.55	6.94	7.11	6.47	2.54	2.03	2.47	2.42
2010—2013	−3.07	1.09	1.98	1.65	7.78	6.15	7.20	5.59	−0.39	0.18	0.28	0.30
全部时段	5.58	6.48	6.94	4.93	8.94	8.15	9.13	6.81	0.62	0.79	0.76	0.72

资料来源：Bloomberg，DataStream，IMF.

表 3—7　新兴市场硬通货计价债券投资的组合基本面排序策略的绩效统计（2002 年 1 月—2013 年 6 月）

	平均年化收益率（%）			收益率年化标准偏差（%）			夏普比率		
	等权重组合	宏观策略	新兴市场债券指数	等权重组合	宏观策略	新兴市场债券指数	等权重组合	宏观策略	新兴市场债券指数
2002—2007	5.61	7.00	7.56	10.07	6.33	7.04	0.56	1.10	1.07
2008	−5.93	1.67	−11.80	18.60	15.94	19.91	−0.32	0.10	−0.59
2009	16.61	11.88	25.61	6.55	8.51	7.09	2.54	1.40	3.61
2010—2013	−3.07	0.73	1.66	5.88	6.15	7.33	−0.52	0.12	0.23
全部时段	5.58	6.44	8.93	8.94	7.64	9.05	0.62	0.84	0.99

资料来源：Bloomberg，DataStream，IMF.

单月损失为 16%，等权重组合为 14%。在风险调整的基础上，它实现了 0.84 的夏普比率，击败了等权重组合和三项单独的宏观策略，但输给宽基的新兴市场债券指数。简而言之，通过只选择排名前五位的具有良好基本面的国家，从而将投资范围减少了一半；这个基于宏观排名的系统有助于降低风险，但无助于提高回报。

技术规则

SCDS 价差是市场对一个国家信用状况的预期。这是一项前瞻性指标，基于市场对一个国家信用状况的实时评价作出。正如我们在货币投资上所做的那样，可以对投资范围中的债券应用一项 CDS 过滤规则作为对宏观排名的补充。这条 CDS 规则是：只购买那些在过去数月内其 CDS 利差恶化未超过某个阈值的债券。此处再次应用 20%的阈值。请注意，在所调查的特定样本周期内这不是令收益率或夏普比率最大化的阈值。选用这一数值只是出于示教目的，并非数据挖掘的结果。

从表 3—8 可以看出，CDS 过滤规则有助于将收益率提高到年化 9.1%的水平，并减少 2008 年发生的巨额损失。最重要的是，最大单月损失降低至 3.9%，小于宏观/基本面策略的一半，仅有指数损失的 1/4。至于风险调整收益，其夏普比率为令人注目的 1.4，高于宽基的新兴市场债券指数。

表 3—8　新兴市场硬通货计价债券投资的 CDS 滤波策略的绩效统计（2002 年 1 月—2013 年 6 月）

	平均年化收益率（%）			收益率年化标准偏差（%）			夏普比率		
	宏观策略	CDS 滤波器	新兴市场债券指数	宏观策略	CDS 滤波器	新兴市场债券指数	宏观策略	CDS 滤波器	新兴市场债券指数
2002—2007	7.88	10.34	10.79	6.33	6.55	7.04	1.24	1.58	1.53
2008	1.67	7.85	−11.80	15.94	10.36	19.91	0.10	0.76	−0.59
2009	11.88	16.68	25.61	8.51	6.47	7.09	1.40	2.58	3.61
2010—2013	0.37	2.87	1.66	6.15	6.15	7.33	0.12	0.47	0.23
全部时段	6.44	9.12	8.93	7.64	6.71	9.05	0.84	1.36	0.99

资料来源：Bloomberg，DataStream，IMF.

结合宏观基本面和市场信号

现在让我们将基于宏观经济的排名系统与CDS过滤器结合起来。投资策略与新兴市场货币的投资策略是一样的：每个月，选取在GDP、债务/GDP比率以及通货膨胀率上排名前5位的国家，投资其以硬通货计价的主权债券，并且其CDS价差在过去一个月中不得恶化超过20%。基于这条规则，将有几个月，你仅能买入不到5个国家的债券。在这种情况下，将资金重新分配给剩余的国家。有时你需要完全关闭交易，不再购买任何新兴市场主权债券。如果出现这种情况，就把钱投入货币市场。

你也许会担心，由于投资范围已经缩小至5个或更少的国家，组合的波动性可能变大。表3－9中记录的结果恰恰相反：结合宏观基本面和CDS过滤器，扣除交易成本后，投资组合的平均回报率为9.3%，高于宽基的EMBI指数（8.9%），也高于10国等权重投资组合（5.6%），高于单独的宏观/基本面投资（6.4%），略高于基于CDS过滤器（9.1%）。2002年1月—2013年6月期间，它实现了1.4的夏普比率，高于宽基的EMBI指数（0.99）。最大单月损失很低，这是这一基于规则的新兴市场债券投资组合的最理想特性。2008年，EMBI指数在一个月内下跌了16%，而严格遵

表 3—9　新兴市场硬通货计价债券投资的宏观和 CDS 组合策略的绩效统计（2002 年 1 月—2013 年 6 月）

	平均年化收益率（%）			收益率年化标准偏差（%）			夏普比率		
	等权重组合	组合策略	新兴市场债券指数	等权重组合	组合策略	新兴市场债券指数	等权重组合	组合策略	新兴市场债券指数
2002—2007	5.61	10.72	10.79	10.07	6.13	7.04	0.56	1.75	1.53
2008	−5.93	8.81	−11.80	18.60	11.8	19.91	−0.32	0.75	−0.59
2009	16.61	15.25	25.61	6.55	6.57	7.09	2.54	2.32	3.61
2010—2013	−3.07	2.66	1.66	7.78	5.90	7.33	−0.39	0.45	0.23
全部时段	5.58	9.33	8.93	8.94	6.67	9.05	0.62	1.40	0.99

资料来源：Bloomberg，DataStream，IMF.

守纪律、基于规则的新兴市场债券策略在全球金融危机期间的损失只有 3.4%。在图 3—5 中比较了各项策略的风险调整累积收益率。

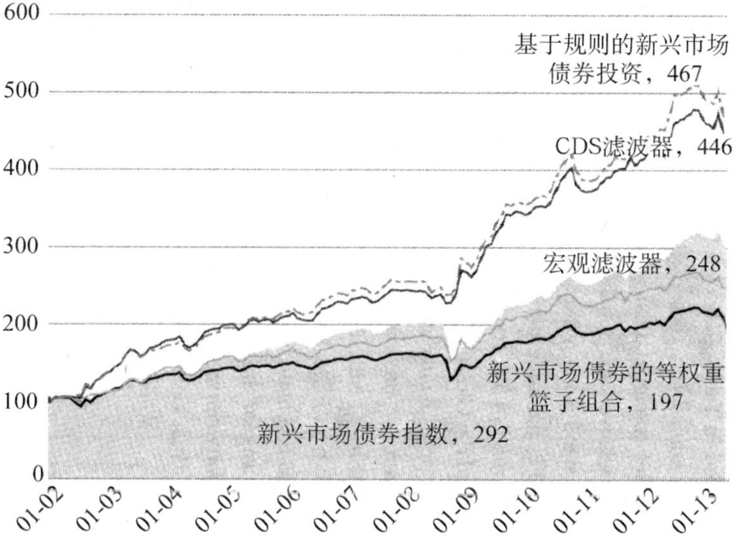

图 3—5　风险调整累积收益率（波动性＝10%）

这里考察的例子非常有限。这个新兴市场投资案例中包含的国家很少。实际上，有多个新兴市场国家的货币在积极交易。J.P. 摩根的新兴市场债券指数（EMBI）目前由 44 个国家的债券组成。本章提供了一项基础性的操作，旨在传授一个框架并揭示基本规则的应用潜力。如何调整这些规则以最大化收益需要另外的讨论。如表 3—10 所示，2002 年

1月—2013年6月期间，由这个新兴市场外汇策略和新兴市场债券策略50/50组成的基于规则的新兴市场投资组合实现了11.9%的年化净收益。这一表现优于单独的债券策略（9.3%）和宽基的EMBI指数（8.9%），但表现逊于基于规则的新兴市场外汇策略，其回报率为14.3%。它打败了其他风险资产，如标准普尔500指数和全球高收益指数。在波动性方面，基于规则的新兴市场组合投资的年化标准偏差小于7%，最大单月损失小于−6%。因此，在风险调整的基础上，它实现的夏普比率为1.73，优于单独的基于规则的新兴市场外汇策略、基于规则的债券策略，以及宽基的EMBI指数。这意味着就承担的投资风险所取得的回报而言，“最聪明的投资”是基于规则的新兴市场组合投资。2002年1月—2013年6月期间，这一投资组合也超越了其他风险资产，例如标准普尔500指数和全球高收益指数，如图3—6所示。

表3—10　新兴市场硬通货计价债券投资的基于规则投资策略与投资基准的绩效比较（2002年1月—2013年6月）

	平均年化收益率（%）		收益率年化标准偏差（%）		夏普比率	
	基于规则的新兴市场组合	新兴市场债券指数	基于规则的新兴市场组合	新兴市场债券指数	基于规则的新兴市场组合	新兴市场债券指数
2002—2007	15.18	10.79	5.39	7.04	2.82	1.53
2008	6.69	−11.80	9.59	19.91	0.70	−0.59

续前表

	平均年化收益率（%）		收益率年化标准偏差（%）		夏普比率	
	基于规则的新兴市场组合	新兴市场债券指数	基于规则的新兴市场组合	新兴市场债券指数	基于规则的新兴市场组合	新兴市场债券指数
2009	21.88	25.61	9.65	7.09	2.27	3.61
2010—2013	2.54	1.66	6.72	7.33	0.38	0.23
全部时段	11.85	8.93	6.83	9.05	1.73	0.99

资料来源：Bloomberg，DataStream，IMF.

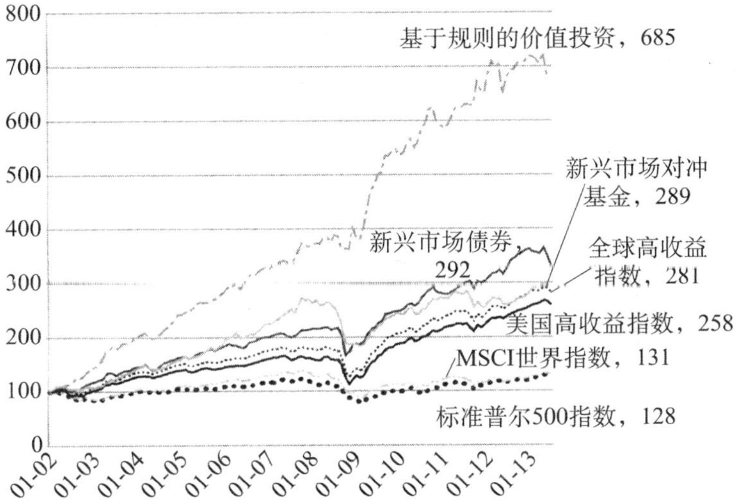

图 3—6　风险调整累积收益率（波动率＝10%）

➤ 结语

有多种方法来改进本章所介绍的基于简单规则的投资策

略。事实上，专注于新兴市场的专业投资者通常使用更复杂的模型来获得更高的回报。与其他章节一样，这里介绍的规则意在提出一个“基于规则的投资基准”，用于表明投资者通过简单规则所能实现的收益/风险特性。这些策略绝非神圣不可更改的。这里使用的规则和参数也不是数据挖掘的结果，而是参考了大量的学术研究、结合广泛专业经验得出的。类似于厨师通过观察和触摸来评估一道菜的原料，本章以及本书中选择的规则和参数都是从过去的成功投资经验中得出的。

为了获得更优异的投资回报，这一策略的基本面/后视性和技术面/前瞻性方面都可加以改进。例如，许多定量模型使用了信用评级信息；大量比率被用来更好地预测主权信用价差，例如经常项目余额/GDP，外汇储备/进口，出口/GDP，实际汇率等。就该策略的技术面/前瞻性方面，VIX 仍然是一个有效的风险指标。本书前面讨论的 TED 利差也可以发挥作用，它可以用作全球流动性的风向标。如何正确选择和使用更复杂的指标以及其他基本面/后视性数据，将在本书作者近期出版的其他书籍中深入讨论。

第 4 章

基于规则的投资组合

在本书中，你已经看到了如何在几个不同的资产类别如外汇、债券和股票指数等上，实现基于规则的投资策略。此外，本书也展示了几种不同的投资风格，如波动率交易、利差交易和价值投资等。作者苦心孤诣，博采这些资产类别和投资风格的长处进行讨论。很多投资学教科书仅仅关注单一主题，事实上，无论一个人单一市场上的投资技多么出类拔萃，只有分散化可以提供保护伞以避开避任性的系统性风险。分散化要求各项投资之间不相关，在当前而言，就是要在股票和债券指数之外，寻求新兴市场投资、波动率投资和货币投资。

投资者投通常会被一遍遍地灌输如下的陈词滥调：“投资于你所知道的”，“买入并长期持有股票”，或“标准普尔 500 指数是一个值得尊敬的收益基准”。但是，截至现在提出的累积证据足以让你怀疑这些老生常谈了。对于国际市场而言，“投资于你所知道的”显得过于保守，因为通常你的知识和经验相当有限。事实上专家的专长经常被高估。2008 年的崩盘事件让专家们看上去像傻瓜一样。更糟的是，在小众市场上积累专长是缓慢和低效的，因为这样的技能在不同领域不可转移。作为替代方法，使用跨市场普适的投资规则和投资原理将在长期内跑赢“市场专家”。

现在，是时候把拼图拼到一起了。通常情况下，当考虑不同策略的组合时，你会认为每个策略应有相同的权重，但用这种方法为组合分配资金过于简单化。等权重组合之外，更聪明的做法是波动性倒数加权。不要被吓倒，这很容易做到：滚动计算每个交易策略过去 12 个月收益率的标准偏差*，每个策略分配到的资金与其波动率倒数成正比。因此，如果一个策略波动率较低，下个月将有更大的权重分配给该策略。如果一个策略的波动性在增加，其分配的资金量将越

* 作为波动率的估计值。——译者注

来越少。波动率倒数加权的目的在于尽量降低和数的方差，产生具有更大稳定性的收益。

这是承担给定风险下，获取优异回报更聪明的资金分配方式。图 4—1 记录了多年内的资金分配情况。从图中可以看出，G10 利差交易的策略权重自 2007 年以来有所下降——2007 年是该策略权重最大的年份，虽然现在仍然稳定在 20% 左右。分配给新兴市场价值投资策略的权重呈现出周期性运动的特点，在 2012 年和 2013 年具有较低权重。波动率投资是 2007 年之后占据支配地位的策略。但请注意，在 2006 年只有少量资金分配到该策略上，原因是当时风险溢价很低。

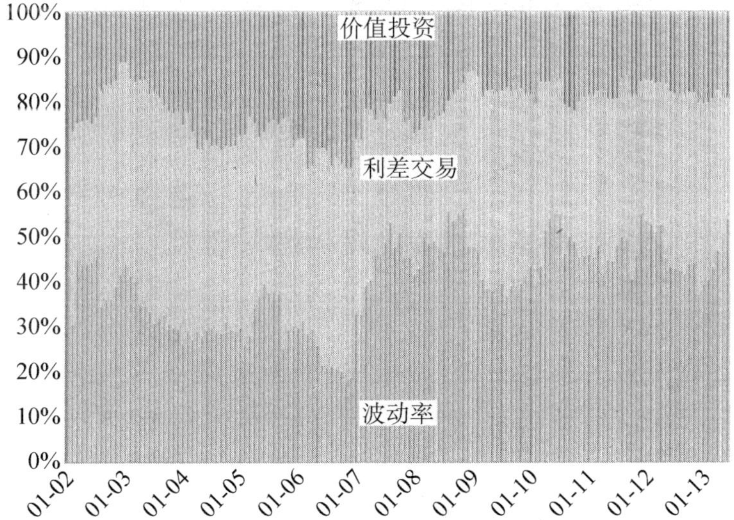

图 4—1　基于规则组合的权重分配

讨论了上述资金分配方法之后，还需要遵循传统的市场基准来对结果进行讨论。用于比较基于规则投资组合业绩的基准是两项风险资产（标准普尔 500 指数和全球高收益指数），以及两个代表专业基金经理业绩的指数，其一是巴克莱交易系统指数；其二是瑞士信贷道琼斯对冲基金指数。基于规则的投资策略及基准指数的业绩统计总结在表 4—1 中。

首先要注意的是，2002 年 1 月—2013 年 6 月股市表现严重劣于高收益债券和新兴市场债券。标准普尔 500 指数不仅在所比较的全部资产中产生最低收益（约 4.9%），其波动率又是最高的，意味着微薄的回报面临很大的风险。全球高收益指数的收益超出股票指数一倍以上，同时具有优异的风险特征。

值得一提的是，平均而言专业基金经理并未显著跑赢股票和高收益债券市场指数。系统交易指数产生与标准普尔 500 指数大致相同的回报，不过前者的波动性减半。对冲基金指数也有较低的波动性，以及勉强超过 6%的收益率。请注意，基于规则的投资策略的业绩中已扣除了交易成本，系统交易者指数和对冲基金指数也扣除了费用，而股票和高收益业绩基准未扣除交易成本和费用。

表 4—1 基于规则投资策略与投资基准相比的投资业绩（2002年1月—2013年6月）

	波动率组合	G10利差交易组合	新兴市场价值投资	基于规则组合投资	标准普尔500指数	全球高收益指数	系统交易指数	对冲基金指数
年化平均收益率（%）								
2002—2007	11.62	3.70	15.18	11.27	4.81	10.96	5.67	9.90
2008	8.96	2.67	6.69	8.63	−45.45	−28.31	17.18	−20.53
2009	11.26	3.63	21.88	9.59	23.58	48.22	−3.29	17.26
2010—2013	12.31	4.07	2.54	9.81	13.09	9.05	0.10	5.75
全部时段	15.08	3.74	11.85	11.79	4.95	10.60	4.23	6.56
年化收益率标准偏差（%）								
2002—2007	4.47	3.15	5.39	3.00	11.51	6.84	9.04	3.80
2008	11.94	3.40	9.59	7.82	20.99	22.82	9.08	9.75
2009	10.04	4.46	9.65	5.03	22.31	12.43	5.58	4.71
2010—2013	9.20	3.78	6.72	5.14	15.77	8.60	6.37	4.96
全部时段	7.97	3.44	6.83	4.89	15.29	11.17	8.02	5.61
夏普比率								
2002—2007	2.60	1.18	2.82	3.76	0.42	1.60	0.63	2.61
2008	0.75	0.79	0.70	1.10	−2.17	1.24	1.89	−2.11
2009	1.12	0.81	2.27	1.91	1.06	3.88	−0.59	3.66
2010—2013	1.34	1.07	0.38	1.91	0.83	1.05	0.02	1.16
全部时段	1.89	1.09	1.73	2.41	0.32	0.95	0.53	1.17

资料来源：Bloomberg.

图 4—2 显示了与广泛投资类别的基准指数相比，基于规则的投资策略的风险收益特征。除基于规则的利差策略外（其夏普比率仍优于标准普尔 500 指数），以下策略都展示出强劲的收益：基于规则的价值策略，基于规则的波动率策略，以及基于组合规则的组合策略；得到的回报是标准普尔 500 指数的若干倍，超出基金经理收益近 1 倍。其波动率水平即使与对冲基金指数相比也是有竞争力的；组合策略的波动率甚至比对冲基金指数更低。这个投资组合潜力巨大，因为即使在最简单的场景下它也能取得显著成效。改进和优化的空间是巨大的。

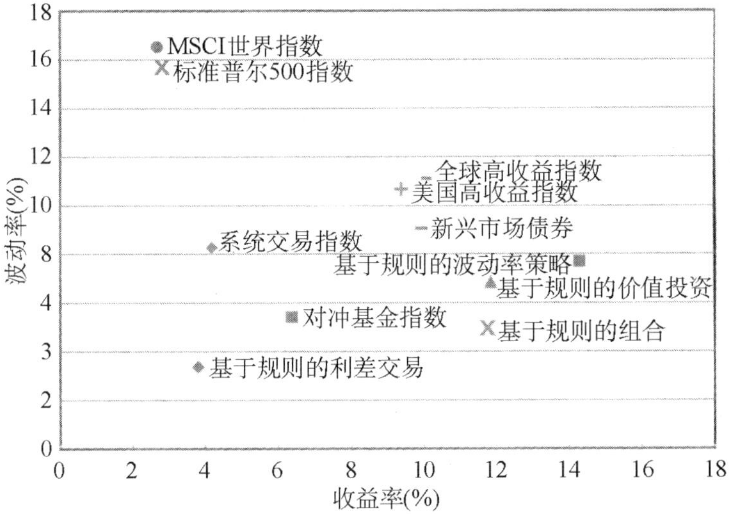

图 4—2　风险/收益比较

图 4—3 显示了累积收益情况，其中收益率按 10％的年

化波动率进行标准化。各条收益率曲线都一飞冲天。它们不是来自投资神童的点石成金，而是来自简单投资规则框架的系统应用。规则以滤波器的方式起作用，既考虑到历史信息，也考虑到前瞻性的市场情绪。应用了多种工具：GARCH 作为历史数据的一种聪明的平均方式，同时 VIX 之类的指标提醒我们注意市场的焦虑程度。之所以应当关注这些信号，所基于的道理再简单不过，恰如在暴风雨中不要放风筝，或在大雾天气取消航班那样。策略就是长期中采取有利于你的仓位，收获波动率溢价和利差交易的利差，同时在不确定增大的时期关闭交易置身场外。符合常识、科学理性的投资规则给出了优雅的表现，当投资过程中排除了情绪干扰时更是如此。

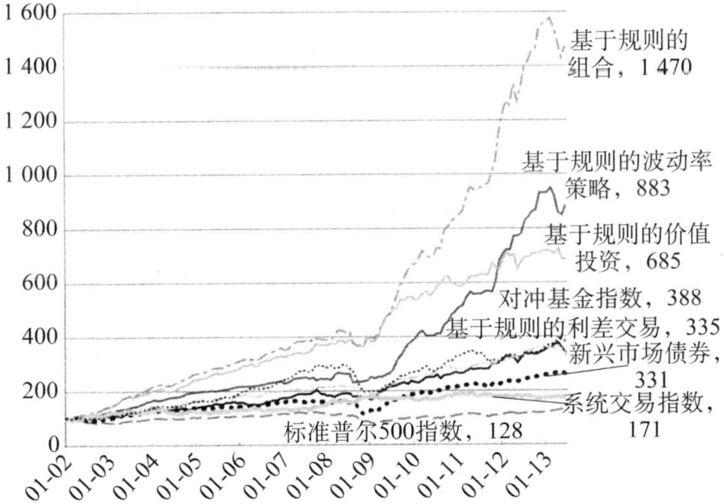

图 4—3　累积收益率（波动率＝10%/年化）

➤ 下一轮危机及其超越

对截至目前所作讨论的一种简单批评是，无人能够知晓市场上接下来会发生什么。下一轮市场危机很可能以一种独一无二的方式呈现，足以令我们的策略不堪一击。不过，可以科学肯定的是，无论下一次出现何种危机，更广泛的分散化必然会纾解我们的风险和损失。

怀疑是无价之宝，但无因由的怀疑却是倒退。过去的表现并不能保证未来的收益——这是事实：对任何人来说未来都在未定之天。未来无法完美预测，这不应影响我们使用从学术研究和市场数据总结出的明智法则来绕开未来航程中不熟悉的骇浪和暗礁。下一轮危机很可能非常严重，以至于没有策略能够全身而退。但我们的回应不应是举手投降，放弃策略投资。相反，我们应不断从失败中学习和适应，就像从成功中学习和适应那样——作为一个物种，人类一直在这样做。

基于规则的投资策略带来的关键教训是，简单规则能够指引人们在投资中登堂入室，对这一点不应有任何怀疑。为实现强劲、稳定的投资回报，无需深奥的复杂性或天才级的智慧；按照定期定时、恪守纪律的方式，在不同资产类别上长期应用基本规则即可做到。请对“数据挖掘”策略保持警惕：它在历史数据上使用复杂的规则来产生惊人的模拟结果。请对复杂性保持怀疑：简单地理解投资如何赚钱，为什么机会仍然存在，正是投资的全部精华所在。本书中的例子系统地表明为了获得持续性的收益，如何应用考虑到基础的历史信息和前瞻性指标的各种过滤器。下一步的关键是，在精心选择的资产类别上寻找多个简单策略的组合，以产生一个基础的广泛分散化的投资组合。

对于可以自由裁量的投资者而言，基于规则的投资策略可以提供出色的分散化。对于量化背景的系统投资者而言，本书重新检视了在高级投资策略背后发挥指引作用、并且作为其基础的第一性原理。对欲一睹华尔街博士智囊团工作内容的人士，本书提出的投资策略和投资思路具有示教意义。

本书介绍了基于规则的投资策略的基石。事实上，本书仅考察了有限几种资产类别和投资风格。作者未来的著作将专注于其他市场，如全球股市及商品市场等，以实现更大的分散化，从而构建出一个无所不包的基于规则的投资组合。将引入全球宏观（Global Macro）等新策略，对动量策略和波动性策略的高级主题进行详尽的讨论。如果本书提出的观点和原则能够指导读者从一个崭新的视角来审视投资，即深入思考简单性的威力，那么它即可谓发挥了正能量。随着世界变得越来越复杂，人们的职业也越来越专业化，一个适用于整个市场的、简单的投资规则框架将成为核心和精华所在。随着技术创新在一个更复杂、更互通互联的世界中持续推动深刻的社会变革，未来的危机在劫难逃。重复犯恐慌的错误并非不可避免。基于规则的投资提供了一个在危机中困难情绪条件下做出客观决策的解决方案。

我衷心祝愿读者能走上本书指出的康庄大道，我也希望本书能够澄清人们对量化投资的一些常见误解。通常，人们谈起宽客或基于规则的投资时，就会想起高频交易，或者幻想出一位市场奇才凭借一个神奇公式在所有情况下都赚得盆满钵满。但是，真相平凡而骨感，也更引人注目和深思。之所以说真相平凡而骨感，是因为我们讨论的投资主题都是司空见惯的，对投资者而言只有合理的分散化投资能够带来持续的收益，舍此之外没有终南捷径。之所以说真相引人注目和深思，是因为明智的分散化是可能做到的：只需应用基于规则投资的简单框架即可。通过应用这些规则，按月调整组合，即使个人投资者也能够取得专业人士的回报。本书意在搭建一个舞台，用于展示基于基本规则的投资系统在不同市场上的应用原理。如果你一直在关注这些内容，那么你有充分的理由对进一步优化的前景感到兴奋。因为本书中的投资案例按默认参数设置已能够产生令人艳羡的收益，一旦对规则进行精炼，收益又会如何？我还是就此搁笔，读者须知对于真正理解和掌握基于规则投资而言，本书只是初示门径。非常感谢。

参考文献

Ang, Andrew and Joseph S. Chen. "Yield Curve Predictors of Foreign Exchange Returns." Working Paper, 2010.

Baek, In-Mee, Arindam Bandopadhyaya, and Chan Du. "Determinants of Market-Assessed Sovereign Risk: Economic Fundamentals or Market Risk Appetite?" *Journal of International Money and Finance* 24 (June 2005): 533–548.

Bank for International Settlements, Triennial Central Bank Survey of Foreign Exchange and Derivatives Market Activity: 2001, 2004, 2007, and 2010.

Bansal, Ravi and Magnus Dahlquist. "The Forward Premium Puzzle: Different Tales from Developed and Emerging Economies." *Journal of International Economics, Elsevier* 51(1) (June 2000): 115–144.

Bernales, Alejandro and Massimo Guidolin. "Can We Forecast the Implied Volatility Surface Dynamics of Equity Options? Predictability and Economic

Value Tests." Working Papers 456, IGIER (Innocenzo Gasparini Institute for Economic Research), Bocconi University, 2012.

Bhansali, Vineer. "Volatility and the Carry Trade." *The Journal of Fixed Income* 3 (Winter 2007): 72–84.

Bollerslev, Tim. "Generalized Autoregressive Conditional Heteroskedasticity." *Journal of Econometrics* 31 (April 1986): 307–327.

Bollerslev, Tim and Torben G. Andersen. "Heterogeneous Information Arrivals and Return Volatility Dynamics: Uncovering the Long-Run in High Frequency Returns." *Journal of Finance* 52 (3) (July 1997): 975–1005.

Bollerslev, Tim, George Tauchen, and Hao Zhou. "Expected Stock Returns and Variance Risk Premia." *Review of Financial Studies* 22 (11) (November 2009): 4463–4492.

Britten-Jones, Mark and Anthony Neuberger. "Option Prices, Implied Price Processes, and Stochastic Volatility." *Journal of Finance* 55 (April 2000): 839–866.

Brunnermeier, Markus K., Stefan Nagel and Lasse H. Pedersen. "Carry Trades and Currency Crashes." In *NBER Macroeconomics Annual 2008*. Vol. 23: National Bureau of Economic Research, Inc., 2009.

Burnside, Craig, Martin Eichenbaum, and Sergio Rebelo. "The Returns to Currency Speculation in Emerging Markets." *Review of Financial Studies* 24(3) (February 2007): 853–891.

Burnside, Craig. "Carry Trades and Risk." NBER Working Papers 17278, National Bureau of Economic Research, Inc. 2011.

Burnside, Craig, Martin Eichenbaum, and Sergio Rebelo. "Carry Trade and Momentum in Currency Markets." *Annual Review of Financial Economics, Annual Reviews* 3(1) (December 2011): 511–535.

Carr, Peter and Dilip Madan. "Towards a Theory of Volatility Trading." Chapter 29 in *Volatility: New Estimation Techniques for Pricing Derivatives*. London: Risk Books, 1998.

De Bock, Reinout and Irineu de Carvalho Filho. "The Behavior of Currencies During Risk-Off Episode." IMF Paper, 2013.

De Zwart, Gerben, ThijsMarkwat, Laurens Swinkels and Dick van Dijk. "The Economic Value of Fundamental and Technical Information in Emerging Currency Markets." *Journal of International Money and Finance* 28 (June 2009): 581–604.

Egloff, Daniel, Markus Leippold, and Liuren Wu. "The Term Structure of Variance Swap Rates and Optimal Variance Swap Investments." *Journal of Financial and Quantitative Analysis* 45(5) (October 2010): 1279–1310.

Engle, Robert. "Autoregressive Heteroscedasticity with Estimate of the Variance of United Kingdom Inflation." *Econometrica* 50 (4) (July 1982): 987–1008.

Frankel, Jeffrey and Jumana Poonawala. "The Forward Market in Emerging Currencies: Less Biased Than in Major Currencies." NBER Working Paper 12496, 2006.

Fama, Eugene F. and Kenneth R. French. "Dividend Yields and Expected Stock Returns." *Journal of Financial Economics* 22 (October 1988): 3–25.

Henry, Peter B. and Prakash Kannan. "Growth and Returns in Emerging Markets." In *International Financial Issues in the Pacific Rim: Global Imbalances, Financial Liberalization, and Exchange Rate Policy* Vol. 17, National Bureau of Economic Research, Inc., 2008.

Lustig, Hanno, Nikolai Roussanov and Adrien Verdelhan. "Common Risk Factors in Currency Markets." *Review of Financial Studies, Society for Financial Studies* 24 (11) (2011): 3731–3777.

Lustig, Hanno and Adrien Verdelhan. "The Cross-Section of Foreign Currency Risk Premia and Consumption Growth Risk: Reply." *American Economic Review* 101(7) (December 2011): 3477–3500.

Lustig, Hanno, Nikolai Roussanov, and Adrien Verdelhan. "Common Risk Factors in Currency Markets." *Review of Financial Studies* 24(11) (November 2011): 3731–3777.

Melvin, Michael and Mark P. Taylor. "The Crisis in the Foreign Exchange Market." *Journal of International Money and Finance* 28 (December 2009): 1317–1330.

Ranaldo, Angelo and Paul Söderlind. "Safe Haven Currencies." *Review of*

Finance, European Finance Association 14(3) (March 2010): 385–407.

Reinhart, Carmen and Kenneth Rogoff. *This Time Is Different: Eight Centuries of Financial Folly*. Bew Herset: Princeton University Press, 2008.

Rennison, Graham and Niels Pedersen, "The Volatility Risk Premium," PIMCO Viewpoint (September 2012).

Ritter, Jay. "Is Economic Growth Good for Investors?" *Journal of Applied Corporate Finance* 24(3) (Summer 2012): 8–18.

Tuckman, Bruce and Angle Serrat. *Fixed Income Securities Tools for Today's Markets* 3rd ed. Wiley Finance, 2011.

致　谢

我要感谢布鲁斯·塔克曼（Bruce Tuckman），没有他，本书不可能问世。从我投资银行生涯的第一天开始，布鲁斯就一直是我的导师。师从布鲁斯使我学会了在快速发展的金融世界中，不可以牺牲智力或道德为代价。

我要感谢乔治·陶亨（George Tauchen），从他那里我学到了金融计量经济学，未来我还要继续向他学习。当然本书所有错误概由本人负责。

我要感谢我在瑞士信贷（Credit Suisse）时的同事和团队伙伴。我幸运地得到了必要的支持和信任来管理一支量化投资团队，这一团队人才济济、工作勤奋。

我要感谢亚当·埃斯普雷多（Adam Esperidiao），他是一位聪明过人的发明家兼企业家。在让更大范围的读者能够了解本书的技术细节方面，亚当起着关键作用。我期待我们继续合作。

最后，我要感谢我的丈夫尼古拉·萨尼亚（Nicolas Sagna），他无条件的爱使我成为最幸运的人，并庇护着我的生活。

数字黄金

比特币鲜为人知的故事

［美］纳撒尼尔·波普尔　著

艾博　译

比特币被看作继互联网之后最重要的新事物之一。本书通过大量采访、挖掘，生动刻画了比特币兴起背后的各色人等及他们的故事，让我们对过去十几年金融的革命性创新一目了然，为我们奉上了一部比特币和金融科技的快节奏大片。

如果你想搞清楚未来的钱会是什么样子的，加紧抢滩金融科技和数字经济，本书不可不读。

《纽约时报》《金融时报》及麦肯锡年度推荐图书。

入围第一财经年度金融书籍。

如果巴西下雨，就买星巴克股票

【美】彼得·纳瓦罗　著

牛红军　译

读懂财经新闻、把握股市逻辑的最佳读物。

投资大师吉姆·罗杰斯倾力推荐。

牛熊市的不同阶段哪些板块表现最好？经济政策和货币政策如何影响股市？怎样在各种新闻中捕捉牛股的蛛丝马迹？本书提供了大量绝佳的案例，为你深入浅出地分析如何利用新闻和经济事件选股。

白宫国家贸易委员会主任彼得·纳瓦罗力作。

图书在版编目（CIP）数据

量化投资/（美）徐前特著；石建辉，孙雨，李楠译. —北京：中国人民大学出版社，2018.2

书名原文：Rule Based Investing

ISBN 978-7-300-25230-8

Ⅰ.①量… Ⅱ.①徐… ②石… ③孙… ④李… Ⅲ.①投资-研究 Ⅳ.①F830.59

中国版本图书馆 CIP 数据核字（2017）第 301115 号

量化投资

简单科学有效的投资策略

［美］徐前特（Chiente Hsu） 著

石建辉 孙 雨 李 楠 译

Lianghua Touzi

出版发行	中国人民大学出版社		
社　　址	北京中关村大街 31 号	**邮政编码**	100080
电　　话	010－62511242（总编室）		010－62511770（质管部）
	010－82501766（邮购部）		010－62514148（门市部）
	010－62515195（发行公司）		010－62515275（盗版举报）
网　　址	http://www.crup.com.cn		
	http://www.ttrnet.com（人大教研网）		
经　　销	新华书店		
印　　刷	北京联兴盛业印刷股份有限公司		
规　　格	148 mm×210 mm　32 开本	**版　　次**	2018 年 2 月第 1 版
印　　张	5.625 插页 2	**印　　次**	2018 年 2 月第 1 次印刷
字　　数	94 000	**定　　价**	58.00 元